일본어가 쑥쑥 자라는
NEW
すくすく日本語 3

개정판 1쇄 인쇄 2012년 10월 10일
개정판 1쇄 발행 2012년 10월 18일
개정판 20쇄 발행 2025년 11월 5일

지 은 이 | 하영애, 우노 히토미
펴 낸 이 | 박서진
펴 낸 곳 | PAGODA Books 파고다북스
출판등록 | 2005년 5월 27일 제 300-2005-90호
주   소 | 06614 서울특별시 서초구 강남대로 419, 19층(서초동, 파고다타워)
전   화 | (02) 6940-4070
팩   스 | (02) 536-0660
홈페이지 | www.pagodabook.com

저작권자 | ⓒ 2012 하영애, 우노 히토미

이 책의 저작권은 저자에게 있습니다. 서면에 의한 저작권자와 출판사의 허락 없이
내용의 일부 혹은 전부를 인용 및 복제하거나 발췌하는 것을 금합니다.

Copyright ⓒ 2012 by Young-ae Ha, Hitomi Uno

All rights reserved. No part of this publication may be reproduced, stored
in a retrieval system, or transmitted, in any form, or by any means, electronic,
mechanical, photocopying, recording or otherwise, without the prior written
permission of the copyright holder and the publisher.

ISBN 978-89-6281-448-4 (18730)

파고다북스   www.pagodabook.com
파고다 어학원   www.pagoda21.com
파고다 인강   www.pagodastar.com
테스트 클리닉   www.testclinic.com

| 낙장 및 파본은 구매처에서 교환해 드립니다.

すくすく 日本語

머리말

  국제화가 진행되는 요즘, 옛날부터 [가깝고도 먼 나라]라고 불렸던 한일 양국의 문화교류도 점점 많아지고, 그 덕분에 가장 가까운 서로의 나라에 대한 관심도 높아져 있습니다.

  다른 문화를 이해하는 데 있어서 가장 큰 장애물이 되는 것은 역시 언어의 벽이라고 생각합니다. 이 언어의 벽을 없애므로 해서 소통이 가능해지고 세계는 크고 넓어지게 됩니다.

  이 책을 손에 든 모든 분들은, 목적이 무엇이든 새롭게 일본어를 시작하려고 생각하고 있는 것이겠지요. 이 책은 그런 여러분에게 이제부터의 공부가 보다 효율적이고 즐거운 것이 되도록 연구하면서 만들어졌습니다.

  [말하기, 듣기, 쓰기, 읽기]의 외국어 습득의 4가지 영역의 능력을 향상시키는 것을 목표로 문법을 체계적으로 습득하고, 단어를 늘려서 일상 생활에 활용할 수 있는 일본어다운, 실용적인 표현을 익히게 하는 것, 그리고 문화적인 요소를 포함시켜서 일본 문화나 일본인의 생활에 흥미를 가지도록 하는 것에 중점을 두었습니다.

  이 책을 통해서 일본어를 할 수 있는 기쁨과 말할 수 있는 즐거움을 느끼게 될 것 입니다. 틀림없이 책 이름처럼 일본어 실력이 [무럭무럭, 쑥쑥] 자라는 것을 느낄 것입니다.

  끝으로 이 책을 출간하는데 지원을 아끼지 않으셨던 박경실 회장님과 pagoda books의 여러분들, 협력해 주셨던 파고다 학원의 일본어과 선생님들, 그리고 응원해 주신 모든 분들에게 감사의 마음을 전합니다.

저자 **하영애, 우노 히토미**

일러두기

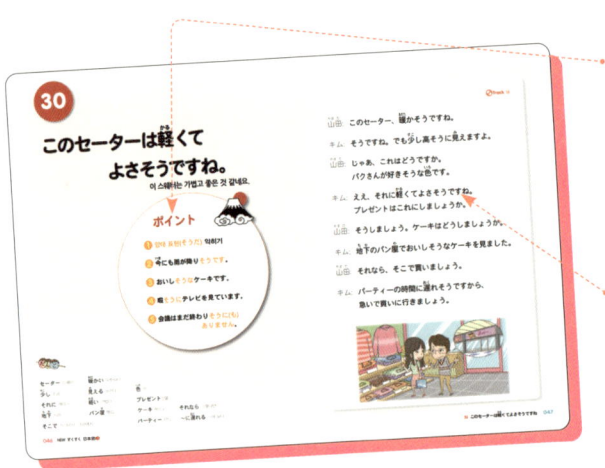

학습목표(ポイント)
각 과에서 학습해야 하는 문법의 목표를 한눈에 쏙 들어오게 정리하였습니다. 학습 후에는 제시된 학습포인트를 스스로 확인하면서 복습할 수 있습니다.

회화본문
각 과에서 습득한 문형을 쉽고 자연스러운 문장으로 회화연습을 할 수 있도록 하였습니다. 이 대화문만 통째로 외우면 일본사람과 바로 대화할 수 있도록 하였습니다.

외워보자
일본사람과 대화할 때에 꼭 필요한 중요한 문형과 문법사항을 예문과 더불어 쉽고 간결하게 정리하였습니다. 또한 예문에 대한 해석이 바로 옆에 되어 있고, 아래에 단어 정리도 되어 있어 바로바로 확인할 수 있도록 하였습니다.

말해보자
학습한 문형에 더욱 다양한 어휘를 넣어서 말해보는 패턴 연습을 통해 중요한 문형과 어휘를 입으로 익힐 수 있도록 하였습니다. 또한 MP3에 수록된 일본사람의 발음을 듣고 따라하면서 실제 일본사람처럼 말할 수 있도록 하였습니다.

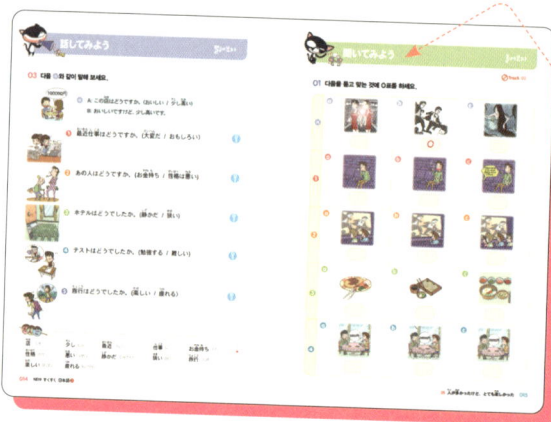

들어보자
상대방의 말이 들려야 대화를 할 수 있습니다. 각 과에서 습득한 문형을 이용한 자연스러운 대화와 문제를 통해 확실하게 귀를 뚫을 수 있습니다.

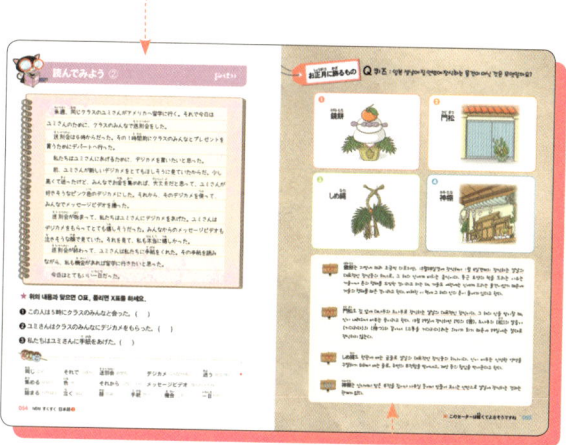

읽어보자

3개의 과 또는 4개의 과에서 배운 문형을 종합한 다양한 형태의 독해 지문을 통해 문장 해석 능력과 문장 이해력을 향상시켜 시험 대비 등을 할 수 있습니다.

일본문화

퀴즈형식으로 일본문화에 대한 진실과 오해(?), 그리고 한국문화와의 다른 점을 체험할 수 있습니다.

워크북

각 과에서 습득한 단어, 문형 등을 복습할 수 있도록 만들었습니다.

❶ 한자를 히라가나로, 히라가나를 한자로 쓰기
❷ 히라가나를 카타카나로, 카타카나를 히라가나로 쓰기
❸ 일본어 문장을 한국어로 해석하기
❹ 한국어 문장을 일본어로 작문하기
❺ 단어와 문장을 듣고 받아쓰기

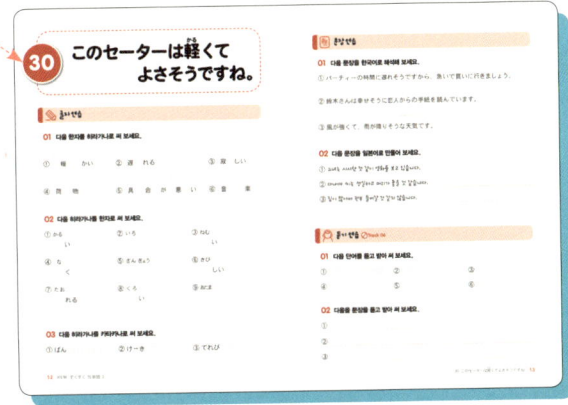

이 책을 효과적으로 사용하려면?

먼저 **학습 포인트**로 학습목표를 확인하고,
외워보자로 문형과 문법을 다지고,
말해보자로 입을 떼고,
들어보자로 귀를 뚫고,
회화 본문으로 자연스러운 회화를 습득하고,
워크북으로 각 과에서 배운 내용을 복습하면 됩니다!!!!!

차례

25 人が多かったけど、とても楽しかった。　　08
사람이 많았지만, 매우 즐거웠다.

1. 명사, 형용사의 과거 · 과거 부정형 익히기　2. ～けど

26 中村さんが結婚するそうです。　　16
나까무라 씨가 결혼한다고 합니다.

1. 전문 표현 익히기　　2. ～によると～そうだ

27 貿易会社だったら、アドバイスができると思います。　　22
무역회사라면, 어드바이스를 할 수 있을 거라고 생각합니다.

1. ～と思う　　2. ～たら

28 部長が私のためにこのチケットをくれました。　　30
부장님이 저를 위해서 이 티켓을 주었습니다.

1. あげる　　2. くれる
3. もらう　　4. ～ために

29 ビビンパが食べたければ、
今度の旅行は全州にしましょう。　　38
비빔밥이 먹고 싶다면, 이번 여행은 전주로 합시다.

1. ～ば/なら　　2. ～にする

30 このセーターは軽くてよさそうですね。　　46
이 스웨터는 가볍고 좋은 것 같습니다.

1. ～そうだ　　2. ～そうな
3. ～そうに　　4. ～そうに(も)ない

31 3時間しか寝る時間がありませんでした。　　　**56**
　　　　　　　　　　　　　　　3시간밖에 잘 시간이 없었습니다.

　　1. 명사 수식　　　　　　　2. ~しか~ない

32 あそこで撮影があるようです。　　　　　　　　**64**
　　　　　　　　　　　　　저기에서 촬영이 있는 것 같습니다.

　　1. ~ようだ　　　　　　　　2. (まるで) ~ようだ
　　3. ~ような　　　　　　　　4. ~みたいだ

33 今日、先生にほめられました。　오늘 선생님에게 칭찬받았습니다.　**72**

　　1. ~に~れる/られる　　　　2. ~に~を~れる/られる

34 私は子どもを自由に遊ばせます。　　　　　　　**80**
　　　　　　　　　　　　저는 아이를 자유롭게 놀게 하겠습니다.

　　1. ~を~せる/させる　　　　2. ~に~を~せる/させる
　　3. ~し~し

35 日本に帰ってゆっくり休もうと思っています。　　**88**
　　　　　　　　　　　일본에 돌아가서 푹 쉬려고 생각하고 있습니다.

　　1. 의지형 익히기　　　　　　2. 의지형+と思う
　　3. 기본형+つもりだ　　　　　4. 기본형+予定だ

36 ここは賑やかすぎて、住みにくいです。　　　　**96**
　　　　　　　　　　　여기는 지나치게 번화해서, 살기 불편합니다.

　　1. ~やすい　　　　　　　　2. ~にくい
　　3. ~すぎる

부록 해석 | 정답 및 스크립트　　**별책 부록** 워크북 | 귀로 배우는 MP3 | 단어장(PDF)

● 워크북 정답, 단어장 다운로드 www.pagodabook.com

人が多かったけど、とても楽しかった。

사람이 많았지만, 매우 즐거웠다.

ポイント

1. 명사, 형용사 과거형 익히기

2. 昨日は雨でしたけど、出かけました。

3. 富士山は高くて大変でしたけど、景色はとてもよかったです。

昨日 어제	テーマパーク 테마파크
行って来る 다녀 오다	楽しい 즐겁다
人 사람　とても 매우, 아주	多い 많다
うらやましい 부럽다	そこ 거기　乗り物 놀이기구
ショー 쇼　実は 실은	バイト 아르바이트　仲間 동료
合コン 미팅　本当 정말	男の人 남자　みんな 모두　優しい 상냥하다
タイプ 타입　残念だ 유감이다	今度 다음에　紹介する 소개하다

山田: 私、昨日新しいテーマパークに行って来たよ。

なお: いいな。楽しかった。

山田: うん、人がとても多かったけど、とても楽しかったよ。

なお: へえ、うらやましいね。そこで何をした。

山田: 乗り物に乗ったり、ショーを見たりしたよ。
なおちゃんは、昨日何をした。

なお: 実は私、昨日友だちのバイトの仲間と合コンをしたよ。

山田: え、本当。いい男の人いた。

なお: ううん。みんな優しくていい人だったけど、
私のタイプじゃなかったよ。

山田: そうか。残念だったね。
今度、私がいい人を紹介するね。

覚えよう

01 과거형

	보통형	정중형
い형용사	어간 + かった くなかった	어간 + かったです くなかったです くありませんでした
な형용사	어간 + だった じゃなかった	어간 + でした じゃなかったです じゃありませんでした
명사	명사 + だった じゃなかった	명사 + でした じゃなかったです じゃありませんでした

	보통형	정중형
い형용사	優(やさ)しかった 優(やさ)しくなかった	優(やさ)しかったです 優(やさ)しくなかったです 優(やさ)しくありませんでした
な형용사	真面目(まじめ)だった 真面目(まじめ)じゃなかった	真面目(まじめ)でした 真面目(まじめ)じゃなかったです 真面目(まじめ)じゃありませんでした
명사	お金持(かねも)ちだった お金持(かねも)ちじゃなかった	お金持(かねも)ちでした お金持(かねも)ちじゃなかったです お金持(かねも)ちじゃありませんでした

02 ~けど   -지만, -다만

あのレストランは安くておいしいですけど、きれいじゃありません。
저 레스토랑은 싸고 맛있지만, 깨끗하지 않습니다.

富士山は高くて大変でしたけど、景色はとてもよかったです。
후지 산은 높고 힘들었지만, 경치는 아주 좋았습니다.

昨日は早く寝ましたけど、寝坊してしまいました。
어제는 일찍 잤습니다만, 늦잠 자고 말았습니다.

TIP 「~が」와 같은 의미로 사용되지만, 「~が」보다 좀더 회화체로 회화에서 많이 사용한다.

03 ~な。

상대를 의식하지 않고, 혼자서 놀라거나 감탄할 때, 또는 상대방의 이야기에 부러움과 희망을 나타낼 때 쓰는 표현으로 문장 끝에 붙여서 사용한다.

優しい 상냥하다   お金持ち 부자   富士山 후지 산   大変だ 힘들다
景色 경치   寝坊する 늦잠 자다

話してみよう

01 다음 예와 같이 말해 보세요.

예 昨日 / 忙しい

A: 昨日、忙しかった？
B: うん、忙しかった。
　　ううん、忙しくなかった。

A: 昨日は忙しかったですか。
B: はい、忙しかったです。
　　いいえ、忙しくなかったです。
　　いいえ、忙しくありませんでした。

❶ 昨日の料理 / 辛い

❷ 先生 / 厳しい

❸ 子どもの時 / かわいい

❹ 去年の夏 / 暑い

❺ 昨日 / 天気がいい

辛い 맵다　　厳しい 엄하다　　時 때　　去年 작년　　夏 여름　　暑い 덥다

02 다음 예와 같이 말해 보세요.

예 先週 / 暇だ

A: 先週、暇だった?
B: うん、暇だった。
　ううん、暇じゃなかった。

A: 先週は暇でしたか。
B: はい、暇でした。
　いいえ、暇じゃなかったです。
　いいえ、暇じゃありませんでした。

❶ 景色 / きれいだ

❷ おとといのテスト / 簡単だ

❸ 昔 / 運動が嫌いだ

❹ 昨日 / 雨

❺ 土曜日 / 休み

先週 지난주　　暇だ 한가하다　　景色 경치　　おととい 그저께　　簡単だ 간단하다
昔 옛날　　運動 운동　　嫌いだ 싫어하다　　雨 비　　休み 휴일

話してみよう

03 다음 예와 같이 말해 보세요.

예 A: この店はどうですか。(おいしい / 少し高い)
B: おいしいですけど、少し高いです。

 ❶ 最近仕事はどうですか。(大変だ / おもしろい)

 ❷ あの人はどうですか。(お金持ち / 性格は悪い)

 ❸ ホテルはどうでしたか。(静かだ / 狭い)

 ❹ テストはどうでしたか。(勉強する / 難しい)

 ❺ 旅行はどうでしたか。(楽しい / 疲れる)

店 가게	少し 조금	最近 최근	仕事 일	お金持ち 부자
性格 성격	悪い 나쁘다	静かだ 조용하다	狭い 좁다	旅行 여행
楽しい 즐겁다	疲れる 피곤하다			

聞いてみよう 들어보자

Track 03

01 다음을 듣고 맞는 것에 O표를 하세요.

25 人が多かったけど、とても楽しかった

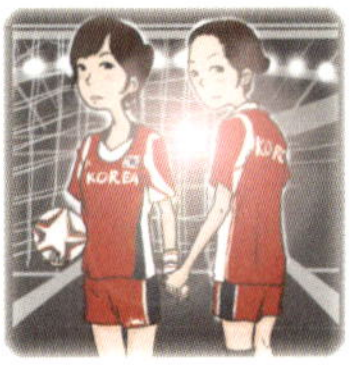

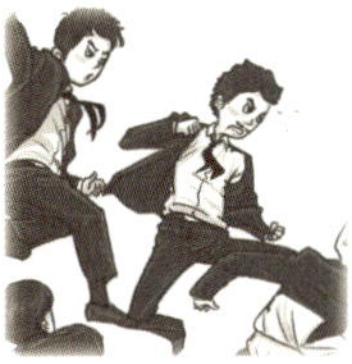

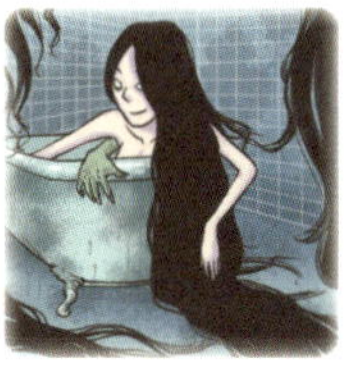

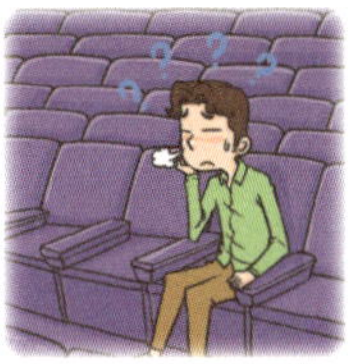

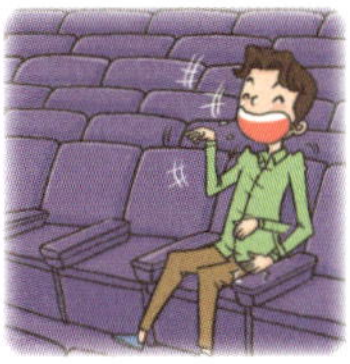

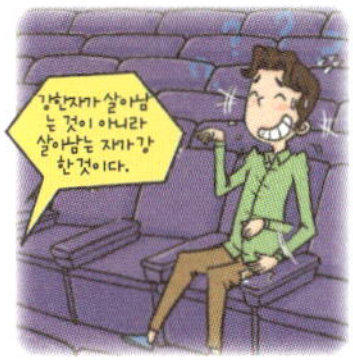

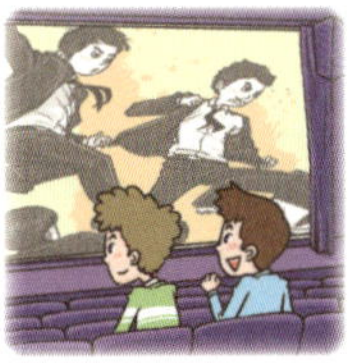

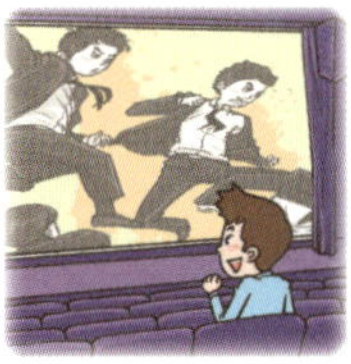

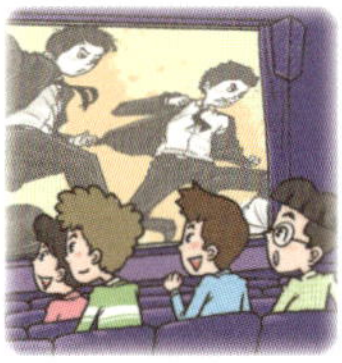

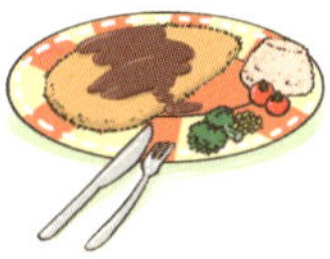

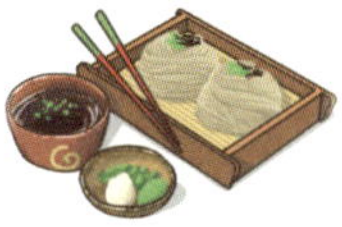

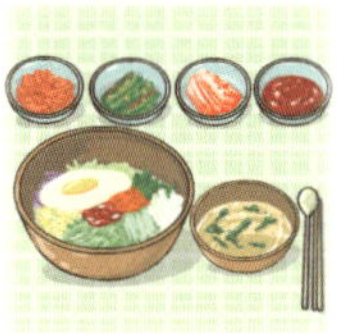

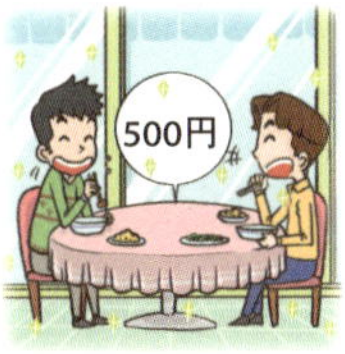

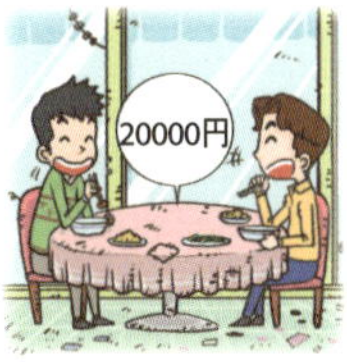

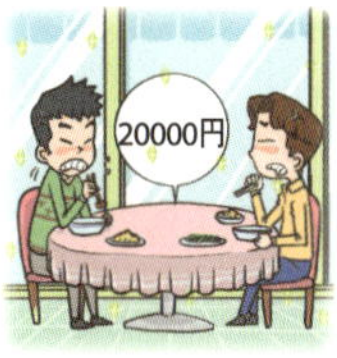

中村さんが結婚するそうです。

나까무라 씨가 결혼한다고 합니다.

ポイント

① 전문 표현(そうだ) 익히기

② 友だちの話によると、
彼の趣味は旅行だそうです。

聞く 듣다　　結婚する 결혼하다
本当 정말　　全然 전혀　　知る 알다
相手 상대　　きれいだ 예쁘다　　優しい 상냥하다
それに 게다가　　国際結婚 국제결혼　　すごい 굉장하다
うわさ 소문　　～によると ~에 의하면　　同じ 같은　　大学 대학　　どこ 어디
～に住む ~에 살다　　それで 그래서　　入る 들어가다　　うらやましい 부럽다

キム: 山田さん、聞きましたか。
　　　中村さんが結婚するそうですよ。

山田: 本当ですか。全然知りませんでした。
　　　相手はどんな人ですか。

キム: きれいで、優しい人だそうです。
　　　それに、韓国人だそうですよ。

山田: え、国際結婚ですか。すごいですね。

キム: はい。うわさによると、彼女が日本で中村さんと
　　　同じ大学だったそうですよ。

山田: そうですか。中村さんは結婚して、どこに住みますか。

キム: 韓国に住むそうです。
　　　それで、中村さんは韓国の会社に入ったそうですよ。

山田: うらやましいですね。

覚えよう　　　　　　　　　　　　　　　　　　　　　오워보자

01　~そうだ　　　　　　　　　　　　　　　　　　-라고 한다 (전문)

명　사 : 休(やす)み　だ / じゃない / だった / じゃなかった　そうです。

な형용사 : 便利(べんり)　だ / じゃない / だった / じゃなかった　そうです。

い형용사 : おいし　い / くない / かった / くなかった　そうです。

동　사 : 雨が　降る / 降らない / 降った / 降らなかった　そうです。

友(とも)だちの話(はなし)によると、彼(かれ)の趣味(しゅみ)は旅行(りょこう)だそうです。
　　　　　　　　　　친구의 말에 의하면, 그의 취미는 여행이라고 합니다.

山田さんによると、田中さんは最近結婚(さいきんけっこん)して幸(しあわ)せだそうです。
　　　　　　　　　야마다 씨에 의하면, 다나까 씨는 최근에 결혼해서 행복하다고 합니다.

新聞(しんぶん)によると、日本は地震(じしん)が多(おお)いそうです。　신문에 의하면, 일본은 지진이 많다고 합니다.

ニュースによると、明日(あした)は台風(たいふう)が来るそうです。
　　　　　　　　　　　　　　　　　뉴스에 의하면, 내일은 태풍이 온다고 합니다.

話してみよう 말해보자

Track 05

01 다음 예와 같이 말해 보세요.

예 友だち / おもしろいです
A: あの映画(えいが)はどうですか。
B: 友だちによると、おもしろいそうです。
　　友だちによると、おもしろくないそうです。

❶ 友だちの話(はなし) / 便利です
A: このパソコンはどうですか。

❷ チェさん / 彼氏(かれし)がいます
A: 中村さんは彼氏がいますか。

❸ 田中さん / 恋人(こいびと)です
A: あの二人(ふたり)は恋人ですか。

❹ 医者(いしゃ) / 体(からだ)にいいです
A: この料理はどうですか。

話(はなし) 이야기　　～によると ~에 의하면　　趣味(しゅみ) 취미　　最近(さいきん) 최근　　結婚(けっこん)する 결혼하다
幸(しあわ)せだ 행복하다　　新聞(しんぶん) 신문　　地震(じしん) 지진　　ニュース 뉴스　　台風(たいふう) 태풍
彼氏(かれし) 남자 친구　　恋人(こいびと) 애인　　二人(ふたり) 두 사람　　体(からだ) 몸

話してみよう

02 다음 예와 같이 말해 보세요.

예 うわさ / 有名だ
A: あの歌手は有名でしたか。
B: うわさによると、有名だったそうです。
　うわさによると、有名じゃなかったそうです。

❶ 先生 / 休みだ
A: 昨日あの店は休みでしたか。

❷ 天気予報 / いい
A: 昨日の天気はどうでしたか。

❸ 先輩 / 楽だ
A: そのアルバイトはどうでしたか。

❹ 鈴木さん / 来る
A: 昨日の飲み会に社長も来ましたか。

うわさ 소문　天気予報 일기예보　先輩 선배　楽だ 편하다　飲み会 회식
社長 사장

聞いてみよう

Track 06

01 다음을 듣고 맞는 것에 O표를 하세요.

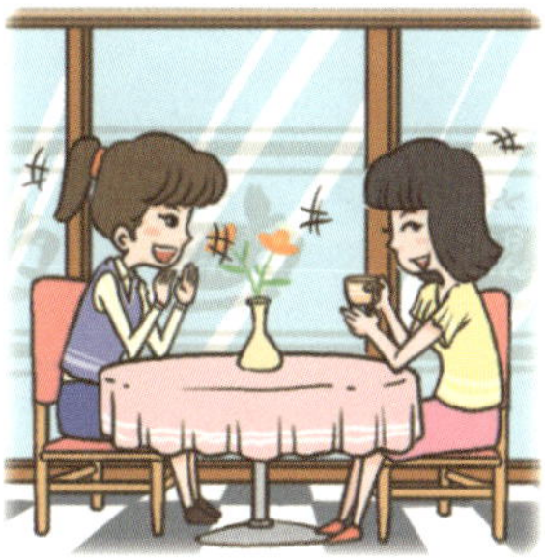

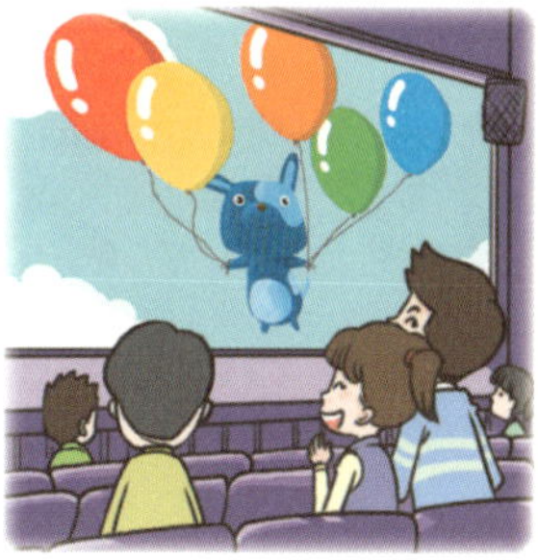

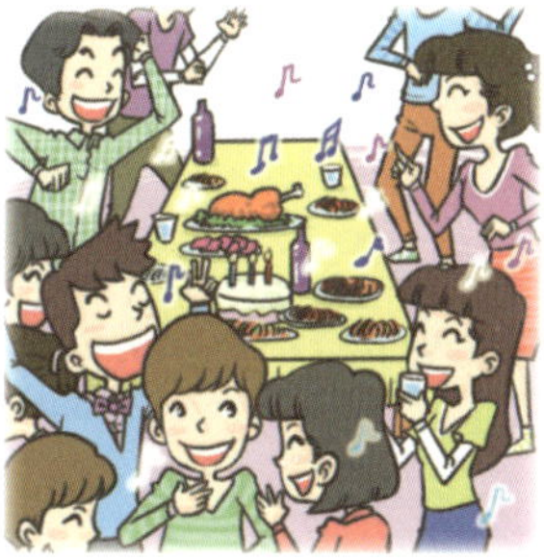

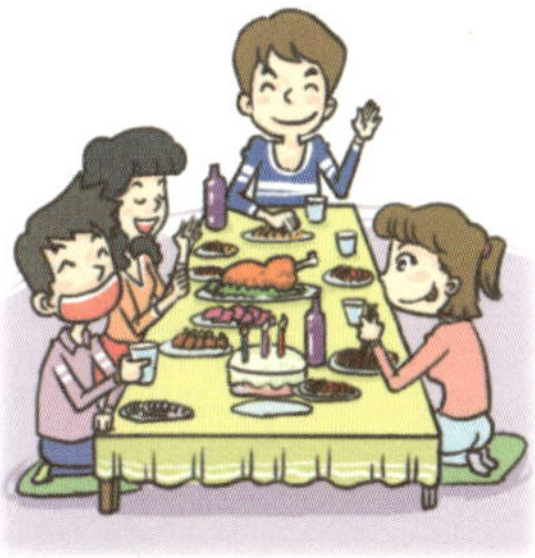

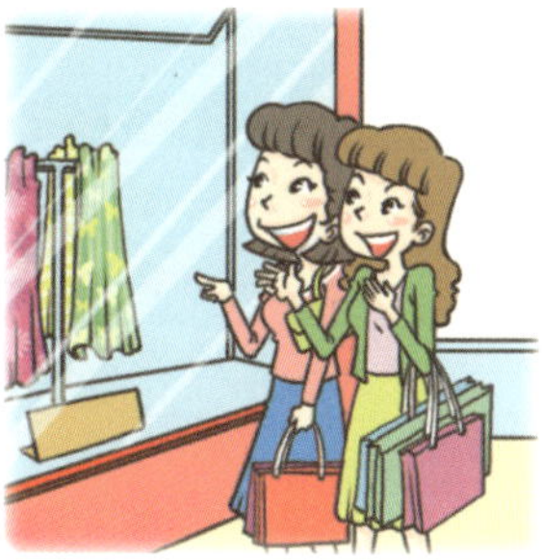

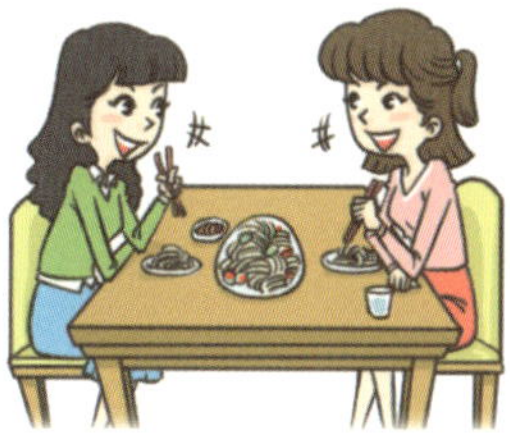

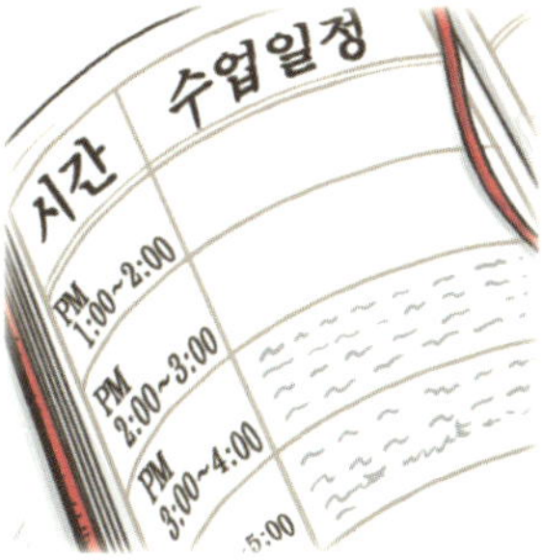

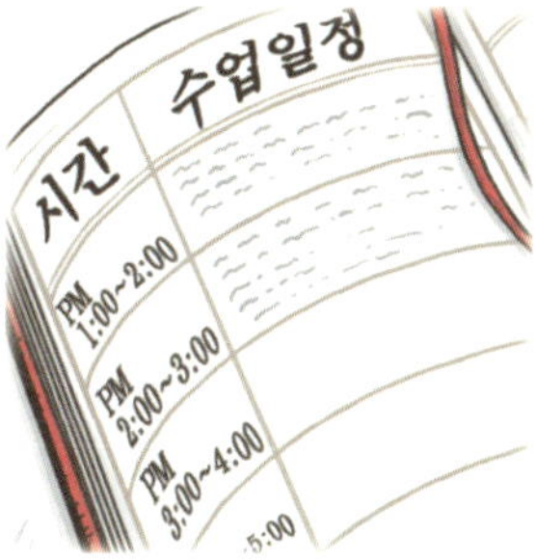

貿易会社だったら、アドバイスができると思います。

무역회사라면, 어드바이스를 할 수 있을 거라고 생각합니다.

ポイント

① 日本は交通が便利だと思います。

② いい天気だったら、ドライブに行きませんか。

③ 駅に着いたら、電話してください。

卒業する 졸업하다	まだ 아직	
機会 기회	働く 일하다	できたら 가능하면
貿易会社 무역회사	大丈夫だ 괜찮다	いろいろ 여러 가지
アドバイス 어드바이스	できる 할 수 있다	じゃあ 그러면	どんな 어떤	準備 준비
まず 우선, 먼저	わかる 알다	一生懸命 열심히	頑張る 열심히 하다, 힘내다

キム: 山田さんは、卒業したら何をしますか。

山田: まだよくわかりませんが、機会があったら、
韓国の会社で働きたいです。

キム: そうですか。どんな仕事がしたいですか。

山田: できたら貿易会社に入りたいですが、
私には難しいと思います。

キム: 大丈夫ですよ。貿易会社だったら、私もよく知っていますから、いろいろアドバイスができますよ。

山田: ありがとうございます。
じゃあ、今はどんな準備をしたらいいですか。

キム: まずは、韓国語と英語を勉強したらいいと思います。

山田: わかりました。卒業まで一生懸命頑張ります。

覚えよう

01 보통형 + と思う　　　　　　　　　　　　　　－라고 생각하다

명　사： 風邪　　だ
　　　　　　　　じゃない
　　　　　　　　だった　　　　　と思う
　　　　　　　　じゃなかった

な형용사： 暇　　だ
　　　　　　　　じゃない
　　　　　　　　だった　　　　　と思う
　　　　　　　　じゃなかった

い형용사： 難し　　い
　　　　　　　　　くない
　　　　　　　　　かった　　　　と思う
　　　　　　　　　くなかった

동　사： 人気が　ある
　　　　　　　　　ない
　　　　　　　　　あった　　　　と思う
　　　　　　　　　なかった

田中さんは真面目な人だと思います。　　다나까 씨는 성실한 사람이라고 생각합니다.

日本は交通が便利だと思います。　　　　일본은 교통이 편리하다고 생각합니다.

韓国の会社は夏休みが短いと思います。　한국 회사는 여름휴가가 짧다고 생각합니다.

山田さんはこのニュースを知っていると思います。
　　　　　　　　　　　　　　　　야마다 씨는 이 뉴스를 알고 있을 거라고 생각합니다.

오위 보자

02 ~たら　　　　　　　　　　　　　　　　　　　　　　　　-하면/-했더니

> 명　　사 : 명사 + だった
> な형용사 : 어간 + だった　　　　+ ら
> い형용사 : 어간 + かった
> 동　　사 : た형

明日いい天気だったら、ドライブに行きませんか。
　　　　　　　　　　　　　　　　　　　내일 좋은 날씨라면, 드라이브하러 가지 않겠습니까?

土曜日が無理だったら、日曜日でもいいです。　토요일이 무리라면, 일요일이라도 좋습니다.

頭が痛かったら、薬を飲んでください。　　　머리가 아프다면, 약을 드세요.

雨が降ったら、試合は中止です。　　　　　　비가 오면, 시합은 중지입니다.

田中さんが来たら、出発しましょう。　　　　다나까 씨가 오면, 출발합시다.

駅に着いたら、電話してください。　　　　　역에 도착하면, 전화하세요.

食事をしに店に行ったら、休みでした。　식사를 하러 가게에 갔더니, 휴일이었습니다.

風邪 감기	人気 인기	交通 교통	夏休み 여름방학, 여름휴가	短い 짧다
ドライブ 드라이브	無理 무리	頭 머리	痛い 아프다	薬を飲む 약을 먹다
試合 시합	中止 중지	出発する 출발하다	駅 역　着く 도착하다	食事 식사

27 貿易会社だったら、アドバイスができると思います

話してみよう

01 다음 예 와 같이 말해 보세요.

예　A: 中国語は簡単ですか。
　　B: はい、簡単だと思います。
　　　　いいえ、簡単じゃないと思います。

❶ A: 日本のドラマはおもしろいですか。
　 B:

❷ A: キムさんも旅行に行きますか。
　 B:

❸ A: あの二人は兄弟ですか。
　 B:

❹ A: テストは難しかったですか。
　 B:

❺ A: 昔、韓国人はさしみを食べましたか。
　 B:

中国語 중국어　簡単だ 간단하다　ドラマ 드라마　旅行に行く 여행을 가다　二人 두 사람
兄弟 형제　昔 옛날　さしみ 회

02 다음 예와 같이 말해 보세요.

예 **週末暇だ / 友だちと遊ぶ**

A: 週末暇だったら、どうしますか。
B: 週末暇だったら、友だちと遊びます。

① 日本人の友だちができる / ソウルを案内する

② 授業が難しい / 先生に聞く

③ 明日雨だ / うちでごろごろしながら、好きなドラマを見る

④ 交通が不便だ / 引っ越しはあきらめる

⑤ 宝くじに当たる / 車を買う

週末 주말 　 暇だ 한가하다 　 できる 생기다 　 案内する 안내하다 　 授業 수업

ごろごろする 빈둥빈둥거리다 　 交通 교통 　 不便だ 불편하다 　 引っ越し 이사

あきらめる 단념하다 　 宝くじ 복권 　 ～に当たる ～에 당첨되다

27 貿易会社だったら、アドバイスができると思います

聞いてみよう

Track 09

01 다음을 듣고 예처럼 맞는 그림을 찾아 번호를 써 넣으세요.

예	❶	❷	❸	❹
山田さん ①	キムさん	お母さん	お兄さん	弟さん

読んでみよう ①

　最近、プロ野球がとても人気だそうだ。
　野球のファンは男の人が多いと思ったけど、最近は若い女の人にも人気があるそうで、私は少し驚きながらも嬉しかった。
　高校生の時、私は野球部だった。私の高校は野球が強くて、有名だった。私たちはみんなで全国大会に行きたいと思って、毎日毎日遅くまで練習した。
　高校三年生の夏、私たちは6つの試合に勝った。そして全国大会に行く前の最後の試合を本気で頑張ったけど、負けてしまった。みんなと全国大会に行くことはできなかった。本当に悔しかった。あの日のことは今でも忘れることができない。
　もし、もう一度あの頃に戻ったら、私はまたあの仲間たちと野球がしたい。そして今度は必ずみんなで全国大会に行きたいと心から思う。

★ 위의 내용과 맞으면 O표, 틀리면 X표를 하세요.

❶ 最近、野球が好きな女の人が多い。（　）
❷ この人は高校生の時、全国大会に行った。（　）
❸ この人は今も高校の時の仲間たちと野球をしている。（　）

プロ野球 프로야구	人気 인기	ファン 팬	男の人 남자	若い 젊다	女の人 여자
驚く 놀라다	嬉しい 기쁘다	高校生 고등학생	野球部 야구부	全国大会 전국대회	
練習する 연습하다	三年生 3학년	試合 시합	～に勝つ ~에 이기다	そして 그리고	
最後 최후, 마지막	本気で 진짜로	負ける 지다	悔しい 분하다	もし 만약	もう一度 한 번 더
頃 경	戻る 되돌아오다	仲間 동료	必ず 반드시	心 마음	

部長が私のために
このチケットをくれました。

부장님이 저를 위해서 이 티켓을 주었습니다.

ポイント

① 友だちに本を<u>あげました</u>。

② 恋人は私に財布を<u>くれました</u>。

③ 先生に日本の雑誌を<u>もらいました</u>。

④ 仕事<u>のために</u>、英語を習っています。

⑤ 結婚式に出る<u>ために</u>、プサンへ行きます。

ミュージカル 뮤지컬	チケット 티켓	
よかったら 괜찮으면, 좋으면	あげる 주다	部長 부장
～によると ～에 의하면	最近 최근, 요즘	一番 가장, 제일
人気 인기　嬉しい 기쁘다	もらう 받다	本当に 정말로　実は 실은
くれる (남이 나에게)주다	その日 그날	結婚式 결혼식　～に出る ～에 나가다

キム: 山田さん、このミュージカルのチケット、よかったらあげましょうか。

山田: どんなミュージカルですか。

キム: 部長によると、最近一番人気があって、とてもおもしろいそうです。

山田: 嬉しいですが、本当に私がもらってもいいですか。

キム: はい、いいですよ。実はこれ、部長がくれましたが、私はその日プサンへ行きますから…。

山田: へえ、何のためにプサンへ行きますか。

キム: 友だちの結婚式に出るために、プサンへ行きます。

山田: そうですか。
じゃあ、もらいます。ありがとうございます。

覚えよう

01-1　あげる (나 → 남)　　　　　　　　　　　　　　주다

私は友だちに本をあげました。　　　　나는 친구에게 책을 주었습니다.

私は恋人に花(はな)をあげました。　　　　나는 애인에게 꽃을 주었습니다.

01-2　くれる (남 → 나)　　　　　　　　　　　　　　주다

先生は私に日本の雑誌(ざっし)をくれました。　　선생님은 나에게 일본 잡지를 주었습니다.

友だちは私に財布(さいふ)をくれました。　　　친구는 나에게 지갑을 주었습니다.

 남이 내 가족에게 줄 때도 「くれる」를 쓴다.

01-3　もらう　　　　　　　　　　　　　　　　　받다

私は先生に日本の雑誌をもらいました。　　나는 선생님에게 일본 잡지를 받았습니다.

私は友だちに財布をもらいました。　　　　나는 친구에게 지갑을 받았습니다.

01-4　제3자 → 제3자

일반적으로 제3자가 제3자에게 줄때는「あげる」를 쓴다.

先生は中村さんに傘(かさ)をあげました。　　선생님은 나까무라 씨에게 우산을 주었습니다.

田中さんは鈴木さんに時計をあげました。　　다나까 씨는 스즈끼 씨에게 시계를 주었습니다.

02 ~ために　　　　　　　　　　　　　　　　　-위하여/-위해서

仕事のために、英語を習っています。　　　　　일을 위해서, 영어를 배우고 있습니다.

恋人の誕生日のために、プレゼントを準備しました。
　　　　　　　　　　　　　　　　　　　애인 생일을 위해서, 선물을 준비했습니다.

留学するために、日本語を勉強します。　　　유학 가기 위해서, 일본어를 공부합니다.

論文を書くために、資料を集めています。　논문을 쓰기 위해서, 자료를 모으고 있습니다.

花 꽃	雑誌 잡지	財布 지갑	傘 우산	時計 시계	仕事 일
習う 배우다	誕生日 생일	プレゼント 선물	準備する 준비하다	留学する 유학가다	
論文 논문	資料 자료	集める 모으다			

28 部長が私のためにこのチケットをくれました

01 다음 예와 같이 말해 보세요.

私　　　　　　　　友だち

예 本

A: あなたは友だちに何をあげましたか。
B: (私は友だちに)本をあげました。

❶ セーター

私　　　　　　　　友だち

❷ 花

私　　　　　　　　恋人

❸ 紅茶(こうちゃ)

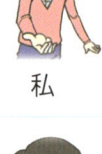 
私　　　　　　　　先生

❹ ネクタイ

私　　　　　　　　田中さん

セーター 스웨터　　花(はな) 꽃　　紅茶(こうちゃ) 홍차　　ネクタイ 넥타이　　手紙(てがみ) 편지
財布(さいふ) 지갑　　お菓子(かし) 과자　　辞書(じしょ) 사전

02 다음 예와 같이 말해 보세요.

友だち　　　　私

예1 **かばん**
A: 友だちはあなたに何をくれましたか。
B: (友だちは私に)かばんをくれました。

예2 A: あなたは友だちに何をもらいましたか。
B: (私は友だちに)かばんをもらいました。

友だち　　　　私

❶ 手紙(てがみ)

恋人　　　　私

❷ 財布(さいふ)

田中さん　　　　私

❸ 日本のお菓子(かし)

先生　　　　私

❹ 辞書(じしょ)

話してみよう

03 다음 예와 같이 말해 보세요.

예 日本語の勉強 / 辞書を買う

A: 日本語の勉強のために、何をしますか。
B: 日本語の勉強のために、辞書を買います。

① 健康 / 体にいい物を食べる

② 留学 / お金を貯める

③ デジカメを買う / アルバイトをする

④ 大学に入る / 一生懸命、勉強する

⑤ 病気を治す / 毎日薬を飲む

辞書 사전　　買う 사다　　健康 건강　　体 몸　　いい物 좋은 것
留学 유학　　お金 돈　　貯める 모으다, 저축하다　　デジカメ 디지털카메라
大学 대학　　一生懸命 열심히　　病気 병, 아픔　　治す 치료하다

01 다음을 듣고 내용에 맞게 화살표를 그리고, 선물의 번호를 써넣으세요.

28 部長が私のためにこのチケットをくれました

ビビンパが食べたければ、
今度の旅行は全州にしましょう。

비빔밥이 먹고 싶다면, 이번 여행은 전주로 합시다.

ポイント

❶ 가정형(ば형) 익히기

❷ 天気が**よければ**、
　　　ドライブに行きたいです。

❸ 暇**なら**、手伝ってください。

❹ 飲み会はいつ**にしますか**。

今度 이번	連休 연휴	
どこか 어딘가	ところ 곳, 장소	知る 알다
まず 우선, 먼저	ビビンパ 비빔밥	全州 전주
有名だ 유명하다	たくさん 많이	ある 있다
それなら 그렇다면	どうやって 어떻게	車 차　～にする ～로 하다

山田: キムさん、今度の連休においしい韓国料理を食べに行きたいですが、どこかいいところを知っていますか。

キム: そうですね。どんな料理が食べたいですか。

山田: まずは、おいしいビビンパが食べたいです。

キム: ビビンパなら、全州(チョンジュ)が有名で、いいですよ。全州(チョンジュ)はおいしい韓国料理がたくさんあります。

山田: それなら、今度の旅行は全州(チョンジュ)にします。ソウルからどうやって行きますか。

キム: 車があれば便利ですが、なければバスで行くこともできますよ。

山田: じゃあ、バスにします。

覚えよう

01　～ば / なら　　　　　　　　　　　　　　　　－하면/−라면

		기본형	ば형
동사	え단 + ば	習(なら)う	習(なら)えば
		急(いそ)ぐ	急(いそ)げば
		やせる	やせれば
		来(く)る	来(く)れば
		する	すれば
い형용사	어간 + ければ	ほしい	ほしければ
		いい・よい	よければ
な형용사	어간 + なら(ば)	簡単(かんたん)だ	簡単(かんたん)なら(ば)
		暇(ひま)だ	暇(ひま)なら(ば)
명사	명사 + なら(ば)	週末(しゅうまつ)	週末(しゅうまつ)なら(ば)
		風邪(かぜ)	風邪(かぜ)なら(ば)

TIP な형용사와 명사에서의 [～ば]는 생략하는 경우가 많다.

明日(あした)ここに来(く)れば、先生に会うことができますよ。　내일 여기에 오면, 선생님을 만날 수 있습니다.

天気がよければ、ドライブに行きたいです。　　　　날씨가 좋으면, 드라이브하러 가고 싶습니다.

暇(ひま)なら、手伝(てつだ)ってください。　　　　　　　　　　한가하면, 도와주세요.

平日(へいじつ)なら、デパートに人(ひと)が少(すく)ないですよ。　　평일이라면, 백화점에 사람이 적습니다.

오와보자

02　名詞 + にする　　　　　　　　　　　　　　　　　　　　－로 하다

飲み会はいつにしますか。　　　　　　　　　회식은 언제로 할까요?

今度の社員旅行はチェジュドにしました。　이번 사원여행은 제주도로 했습니다.

甘い物が好きだから、デザートはケーキにしましょう。
　　　　　　　　　　　　　　　　　　　단 것을 좋아하기 때문에, 디저트는 케이크로 합시다.

だんご

習う 배우다　　　　　急ぐ 서두르다　　　やせる 마르다, 살빼다　　～がほしい ～을/를 갖고 싶다(원하다)
簡単だ 간단하다　　暇だ 한가하다　　　週末 주말　　　　　　　風邪 감기　　　　　ドライブ 드라이브
手伝う 돕다, 거들다　平日 평일　　　　　人 사람　　　　　　　少ない 적다　　　　飲み会 회식
今度 이번　　　　　　社員旅行 사원여행　甘い物 단 것　　　　　デザート 디저트

29　ビビンパが食べたければ、今度の旅行は全州にしましょう

話してみよう

01 다음 예 와 같이 말해 보세요.

예 土曜日、海で泳ぐ / 風邪が治る / 人が少ない

A: 土曜日、海で泳ぎませんか。
B: そうですね。風邪が治れば、泳ぎます。
　 そうですね。人が少なければ、泳ぎます。

❶ お見合いをする / 時間がある / 優しい

❷ 週末、山に登る / 友だちが一緒に行く / 天気がいい

❸ 映画を見る / 試験が終わる / ホラー映画じゃない

❹ 夏休みに旅行に行く / 来月試験に合格する / 忙しくない

海 바다　　風邪 감기　　治る 낫다(치료되다)　　少ない 적다　　お見合い 맞선
時間 시간　　優しい 상냥하다　　山 산　　～に登る ～에 오르다　　試験 시험
終わる 끝나다　　ホラー映画 공포영화　　夏休み 여름방학, 여름휴가　　来月 다음 달　　合格する 합격하다

02 다음 예와 같이 말해 보세요.

예 買い物に行く / セールだ / 暇だ

A: 買い物に行きませんか。
B: そうですね。セールなら、行きます。
　そうですね。暇なら、行きます。

❶ ダンスを習う / 日本の踊りだ / 簡単だ

❷ 合コンをする / 相手がお金持ちだ / ハンサムだ

❸ スキーに行く / 週末だ / スキー場が安全だ

❹ ごはんを食べに行く / おいしい店だ / 景色がきれいだ

| 買い物 쇼핑 | セール 세일 | ダンス 댄스 | 踊り 춤 | 合コン 미팅 |
| 相手 상대 | お金持ち 부자 | スキー場 스키장 | 安全だ 안전하다 | 景色 경치 |

29 ビビンパが食べたければ、今度の旅行は全州にしましょう　043

話してみよう

03 다음 예 와 같이 말해 보세요.

예　パーティー / 駅前のレストラン / 時間 / 6時

　　A: パーティーはどこにしますか。
　　B: 駅前のレストランにしましょうか。
　　A: いいですね。時間は何時にしましょうか。
　　B: 6時にしましょう。

❶　約束 / 今週の日曜日 / 食事 / すし

❷　会議 / 1時 / 場所 / 本社の会議室

❸　レポートのテーマ / 「日本と韓国」 / リーダー / 田中さん

❹　卒業旅行 / イギリス / お土産 / 紅茶

パーティー 파티　　駅前 역 앞　　約束 약속　　今週 이번 주　　食事 식사
会議 회의　　場所 장소　　本社 본사　　会議室 회의실　　テーマ 테마
リーダー 리더　　卒業旅行 졸업여행　　お土産 선물　　紅茶 홍차

聞いてみよう

Track 15

01 다음을 듣고 맞는 것에 O표를 하세요.

	O	X
예		O
❶		
❷		
❸		
❹		

29 ビビンパが食べたければ、今度の旅行は全州にしましょう

このセーターは軽(かる)くて よさそうですね。

이 스웨터는 가볍고 좋은 것 같네요.

ポイント

① 양태 표현(そうだ) 익히기

② 今(いま)にも雨が降り**そうです**。

③ おいし**そうな**ケーキです。

④ 暇**そうに**テレビを見ています。

⑤ 会議はまだ終わり**そうに(も)
 ありません**。

セーター 스웨터	暖(あたた)かい 따뜻하다	
少(すこ)し 조금	見(み)える 보이다	色(いろ) 색
それに 게다가	軽(かる)い 가볍다	プレゼント 선물
地下(ちか) 지하	パン屋(や) 빵집	ケーキ 케이크 それなら 그렇다면
そこで 거기에서, 그곳에서	パーティー 파티	～に遅(おく)れる ～에 늦다

山田: このセーター、暖かそうですね。

キム: そうですね。でも少し高そうに見えますよ。

山田: じゃあ、これはどうですか。
パクさんが好きそうな色です。

キム: ええ、それに軽くてよさそうですね。
プレゼントはこれにしましょうか。

山田: そうしましょう。ケーキはどうしましょうか。

キム: 地下のパン屋でおいしそうなケーキを見ました。

山田: それなら、そこで買いましょう。

キム: パーティーの時間に遅れそうですから、
急いで買いに行きましょう。

覚えよう

01　~そうだ　　　　　　　　　　　　　　　　　　　　　　－인 것 같다

> 동　　사：ます형
> い형용사：어간 (い)　　＋　そうだ
> な형용사：어간 (だ)
>
> **예외**　いい・よい　➡　よさそうだ
> 　　　　ない　　　　➡　なさそうだ

今にも雨が降りそうです。　　　　　　　금방이라도 비가 올 것 같습니다.

この店のケーキはおいしそうです。　　이 가게의 케이크는 맛있을 것 같습니다.

田中さんは暇そうです。　　　　　　　다나까 씨는 한가한 것 같습니다.

佐藤さんは頭がよさそうです。　　　　사또 씨는 머리가 좋을 것 같습니다.

先生は時間がなさそうです。　　　　　선생님은 시간이 없는 것 같습니다.

TIP　[そうだ]는 [な형용사]처럼 변한다.

02　~そうな + 명사　　　　　　　　　　　　　　　　　　－인 것 같은

雨が降りそうな天気です。　　　　　　비가 올 것 같은 날씨입니다.

おいしそうなケーキです。　　　　　　맛있을 것 같은 케이크입니다.

暇そうな人です。　　　　　　　　　　한가해 보이는 사람입니다.

오버보자

03 ~そうに + 동사　　　　　　　　　　　　　　　　　　　-인 것 같이

おいしそうに食べています。　　　　　　　　　맛있는 것 같이 먹고 있습니다.

暇そうにテレビを見ています。　　　　　　　　한가한 듯이 텔레비전을 보고 있습니다.

時間がなさそうに、さっきから時計を見ています。
　　　　　　　　　　　　　　　　　시간이 없는 것 같이 아까부터 시계를 보고 있습니다.

04 동사 ます형 + そうに(も)ない　　　　　　　　　　　-할 것 같지 않다

会議はまだ終わりそうに(も)ありません。　　　회의는 아직 끝날 것 같지 않습니다.

かばんが小さくて、荷物が全部入りそうに(も)ありません。
　　　　　　　　　　　　　　　　　가방이 작아서, 짐이 전부 들어 갈 것 같지 않습니다.

仕事が多くて、今日は早く帰ることができそうに(も)ありません。
　　　　　　　　　　　　　　　　　일이 많아서, 오늘은 일찍 돌아갈 수 있을 것 같지 않습니다.

今にも 금방이라도　　　雨 비　　　降る 내리다　　　頭 머리　　　時間 시간　　　さっき 조금 전
会議 회의　　　まだ 아직　　　終わる 끝나다　　　小さい 작다　　　荷物 짐　　　全部 전부

話してみよう

01 다음 예와 같이 말해 보세요.

예 風が強い / 今にも雪が降る

A: 風が強そうですね。
B: ええ、それに今にも雪が降りそうですね。

❶ 彼は忙しい / 残業が多くて、大変だ

❷ 田中さんは真面目だ / 頭もいい

❸ この椅子は楽だ / あまり高くない

❹ あの人は具合が悪い / 今にも倒れる

❺ 外は寒い / 雨がやまない

❻ あの黒いかばんは丈夫じゃない / 小さくてたくさん入らない

02 다음 예와 같이 말해 보세요.

예 中村さん / 人 / 厳しい

A: 中村さんはどんな人ですか。
B: 厳しそうな人です。

❶ それ / 車 / 丈夫だ

❷ あの二人 / 夫婦 / 幸せだ

❸ これ / 映画 / つまらない

❹ 今日 / 天気 / 雨が降る

❺ あれ / 音楽 / イさんがよく聞く

風 바람	強い 강하다	今にも 금방이라도	雪 눈	それに 게다가	彼 그
残業 잔업, 야근	大変だ 힘들다	頭 머리	椅子 의자	楽だ 편하다	具合が悪い 몸 상태가 나쁘다
倒れる 쓰러지다	外 밖	雨 비	やむ (비・눈이) 그치다	黒い 검다	丈夫だ 튼튼하다
厳しい 엄하다	夫婦 부부	幸せだ 행복하다	つまらない 시시하다, 재미없다	音楽 음악

話してみよう

03 다음 예와 같이 말해 보세요.

예 あの二人 / 嬉しい / 話す
A: あの二人は何をしていますか。
B: 嬉しそうに話しています。

❶ キムさん / 眠い / 仕事をする

❷ 彼女 / 寂しい / ずっと泣く

❸ 田中さん / 暇だ / テレビを見る

❹ 鈴木さん / 幸せだ / 恋人からの手紙を読む

| 嬉しい 기쁘다 | 眠い 졸리다 | 仕事 일 | 寂しい 외롭다 |
| ずっと 계속, 쭉 | 泣く 울다 | 幸せだ 행복하다 | 手紙 편지 |

聞いてみよう 들어보자

Track 18

01 다음을 듣고 맞는 것에 O표를 하세요.

	a	b	c
예	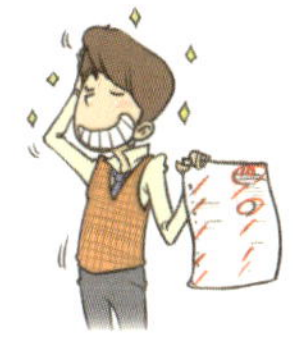	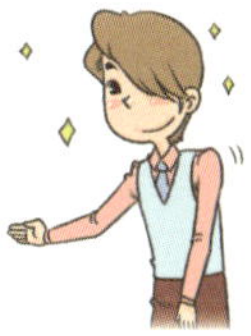 O	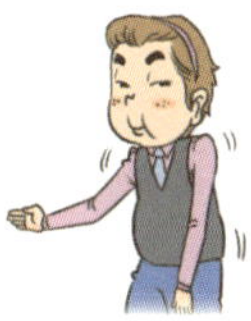
1	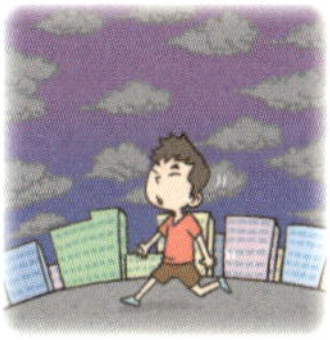	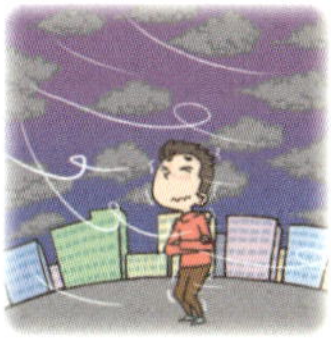	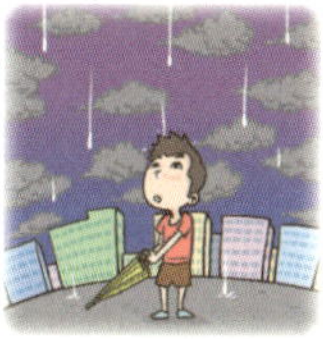
2	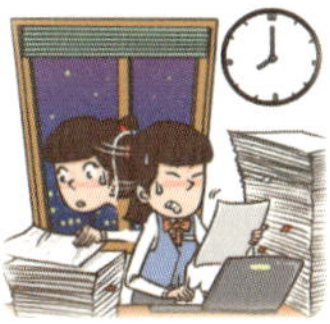	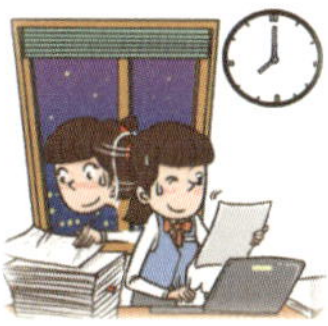	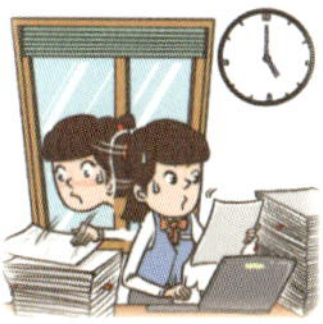
3	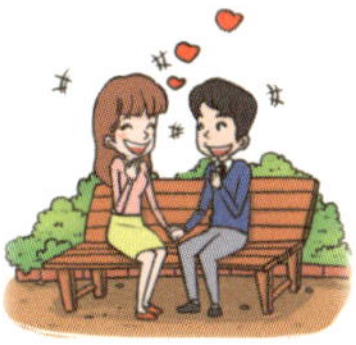	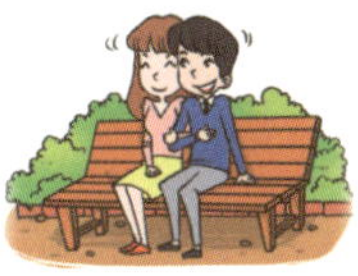	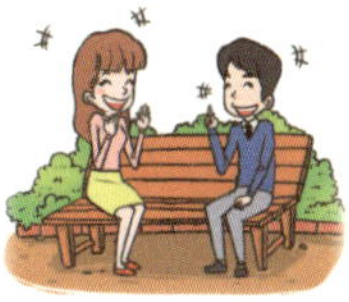
4	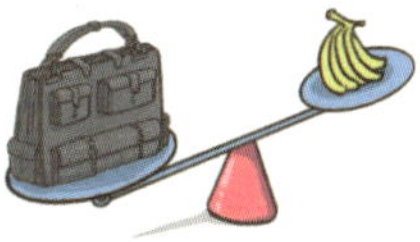	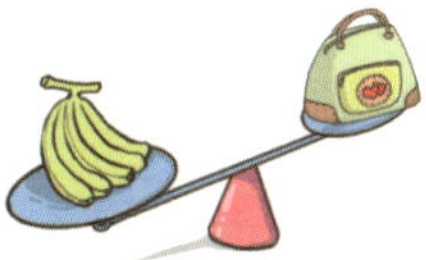	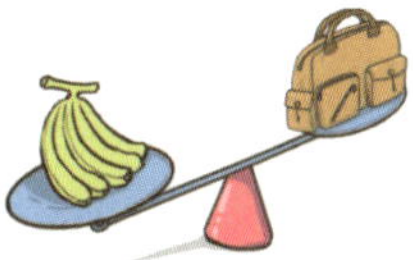

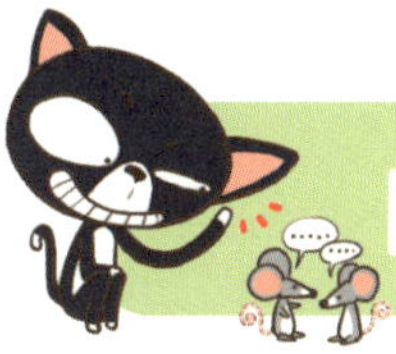

読んでみよう ②

来週、同じクラスのユミさんがアメリカへ留学に行く。それで今日はユミさんのために、クラスのみんなで送別会をした。

送別会は5時からだった。その1時間前にクラスのみんなとプレゼントを買うためにデパートへ行った。

私たちはユミさんにあげるために、デジカメを買いたいと思った。

前、ユミさんが新しいデジカメをとてもほしそうに見ていたからだ。少し高くて迷ったけど、みんなでお金を集めれば、大丈夫だと思って、ユミさんが好きそうなピンク色のデジカメにした。それから、そのデジカメを使って、みんなでメッセージビデオを撮った。

送別会が始まって、私たちはユミさんにデジカメをあげた。ユミさんはデジカメをもらってとても嬉しそうだった。みんなからのメッセージビデオも泣きそうな顔で見ていた。それを見て、私も本当に嬉しかった。

送別会が終わって、ユミさんは私たちに手紙をくれた。その手紙を読みながら、私も機会があれば留学に行きたいと思った。

今日はとてもいい一日だった。

★ 위의 내용과 맞으면 O표, 틀리면 X표를 하세요.

❶ この人は5時にクラスのみんなと会った。（　　）

❷ ユミさんはクラスのみんなにデジカメをもらった。（　　）

❸ 私たちはユミさんに手紙をあげた。（　　）

同じ 같은	それで 그래서	送別会 송별회	デジカメ 디지털카메라	迷う 망설이다
集める 모으다	色 색	それから 그리고 나서	メッセージビデオ 메시지 비디오	
始まる 시작되다	泣く 울다	顔 얼굴	手紙 편지	機会 기회	一日 하루

お正月に飾るもの

Q 퀴즈 : 일본 설날에 집 안밖에 장식하는 물건이 아닌 것은 무엇일까요?

❶ 鏡餅 (かがみもち)

❷ 門松 (かどまつ)

❸ しめ縄 (なわ)

❹ 神棚 (かみだな)

(X) 鏡餅는 지방에 따라 조금씩 다르지만, 12월28일경에 장식해서 1월 4일경까지 장식하는 설날의 대표적인 장식중의 하나로, 그 해의 신에게 바치는 음식이다. 둥근 모양의 떡을 드리는 이유는 거울이나 혼의 형태를 모방한 것이라고 하는데, 거울도 예전에는 신에게 드리는 물건이었기 때문에 거울의 형태를 따온 것이라고 한다. 바쳐진 이 떡에 그 해의 신의 혼이 들어가 있다고 한다.

(X) 門松도 집 앞에 대나무와 소나무로 장식하는 설날의 대표적인 장식이다. 그 해의 신을 맞이할 때, 신이 내려와서 머무는 곳이라고 한다. 12월 29일에 장식하면 [9]의 [苦], 소나무의 [松]의 발음이 [기다리다]의 [待つ]와 같아서 [고통을 기다리다]라는 의미가 되기 때문에 29일에는 절대로 장식하지 않는다.

(X) しめ縄도 현관에 매는 금줄로 설날의 대표적인 장식중의 하나이다. 신이 머무는 신성한 영역을 구별하기 위해서 매는 줄로, 주변의 부정함을 씻어내고, 재앙 등의 침입을 막아준다고 한다.

(O) 神棚는 신사에서 받은 부적을 집이나 사무실 등에서 받들어 모시는 선반으로 설날에 장식하는 것과는 관계가 없다.

30 このセーターは軽くてよさそうですね

3時間しか寝る時間がありませんでした。

3시간밖에 잘 시간이 없었습니다.

ポイント

① 田中さんがよく聞く音楽はどんな音楽ですか。

② 約束した友だちが来ない時はどうしますか。

③ 今日は朝ごはんしか食べませんでした。

眠い 졸리다	～しか ~밖에	
どうして 왜, 어째서	スピーチ大会 스피치 대회	
あと 앞으로	2日 2일	いろいろな国 여러 나라
留学生 유학생	集まる 모이다	参加する 참가하다
それで 그래서	遅く 늦게	練習する 연습하다
内容 내용	文化 문화	違い 다른점, 차이	紹介する 소개하다

キム: 山田さん、今日は眠そうですね。

山田: 昨日3時間しか寝ることができませんでした。

キム: どうしてですか。

山田: スピーチ大会まで、あと2日しかありませんから。

キム: どんなスピーチ大会ですか。

山田: いろいろな国から来た留学生が集まって、韓国語でスピーチをする大会です。

キム: 山田さんも参加しますか。

山田: はい、それで昨日も夜遅くまで練習しました。

キム: どんな内容ですか。

山田: 韓国と日本の文化の違いを紹介する内容です。

キム: おもしろそうですね。頑張ってください。

覚えよう

01 명사 수식

| 명　사： | 休み | の
じゃない
だった
じゃなかった | 日 |

| な형용사： | 楽 | な
じゃない
だった
じゃなかった | 仕事 |

| い형용사： | 高 | い
くない
かった
くなかった | 服 |

| 동　사： | 食べ
食べ
食べ
食べ
食べ | る
ない
た
なかった
ている | 人 |

田中さんがよく聞く音楽はどんな音楽ですか。
다나까 씨가 자주 듣는 음악은 어떤 음악입니까?

あそこでピアノを弾いている人は山田さんです。
저기에서 피아노를 치고 있는 사람은 야마다 씨입니다.

約束した友だちが来ない時はどうしますか。　약속한 친구가 오지 않을 때는 어떻게 합니까?

これは高校の時撮った写真です。　이것은 고등학교 때 찍은 사진입니다.

昨日レポートを出さなかった人は誰ですか。어제 리포트를 내지 않은 사람은 누구입니까?

02 명사 + しか～ない　　　　　　　　　　　　　　　　　　　　　　　　　－밖에 －아니다

財布に1000円しかありません。　　　　　　　지갑에 1000엔밖에 없습니다.

今日は朝ごはんしか食べませんでした。　　　오늘은 아침밥밖에 먹지 않았습니다.

昨日は3時間しか寝ることができませんでした。　어제는 3시간밖에 잘 수 없었습니다.

だんご

楽だ 편하다　　　音楽 음악　　　あそこ 저기　　　ピアノ 피아노　　　弾く 치다, 연주하다
約束する 약속하다　　高校 고등학교　　時 때　　　写真 사진　　　出す 내다, 제출하다

話してみよう

01 다음 예와 같이 말해 보세요.

예 **明日会います / 人 / 高校の時の先生**
A: 明日会う人は誰ですか。
B: 明日会う人は高校の時の先生です。

❶ 週末、友だちと行きます / 店 / 日本のラーメン屋

❷ 最近よく着ます / 服 / ワンピース

❸ 今、住んでいます / ところ / 東京

❹ 今、流行っています / 色 / 白

❺ 授業を休みません / 人 / 真面目なチェさん

말해보자

02 다음 예와 같이 말해 보세요.

예 さっき、買いました / もの / 日本語の辞書

A: さっき、買ったものは何ですか。
B: さっき、買ったものは日本語の辞書です。

① 先週、一緒にお酒を飲みました / 人 / 大学の先輩

② 昨日、友だちに借りました / もの / 傘

③ 子どもの時、よく遊びました / ところ / 公園

④ 土曜日の飲み会に来ませんでした / 人 / 山田さん

明日 내일	高校 고등학교	時 때	ラーメン屋 라면집	最近 최근, 요즘
着る 입다	服 옷	ワンピース 원피스	住む 살다	ところ 곳, 장소
東京 동경	流行る 유행하다	色 색	白 하양, 백색	授業 수업
さっき 조금 전, 아까	辞書 사전	先週 지난주	一緒に 함께, 같이	大学 대학
先輩 선배	借りる 빌리다	傘 우산	公園 공원	飲み会 회식

31 3時間しか寝る時間がありませんでした

話してみよう 말해보자

03 다음 예 와 같이 말해 보세요.

예 **小説をよく読む / まんが**

A: 小説をよく読みますか。
B: いいえ、まんがしか読みません。

❶ 英語ができる / 日本語

❷ 銀行に人がたくさんいる / 4人

❸ 漢字を書くことができる / ひらがな

❹ 毎日運動をする / 週に1回

| 小説 소설 | まんが 만화 | できる 할 수 있다 | いる 있다 | 4人 네 사람 |

週 주　　～に ～에　　～回 ～회

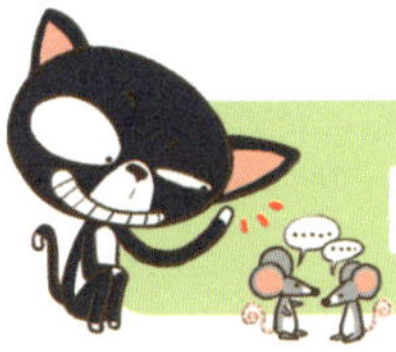

聞いてみよう 들어보자

Track 21

01 다음을 듣고 맞는 것에 O표를 하세요.

예

ⓐ

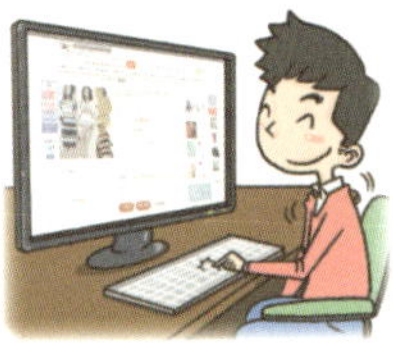

ⓑ

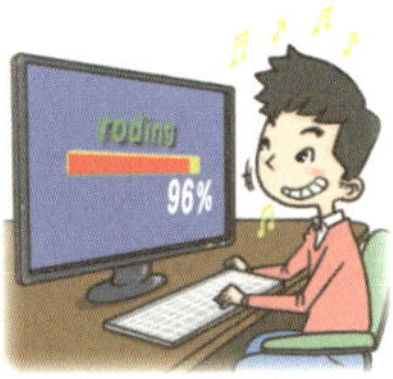

O

ⓒ

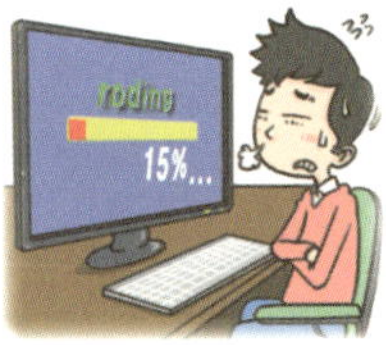

1

ⓐ

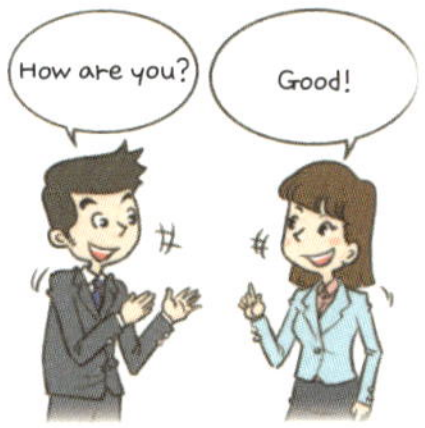

ⓑ

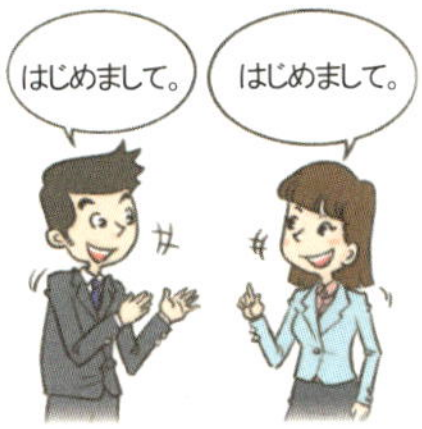

ⓒ

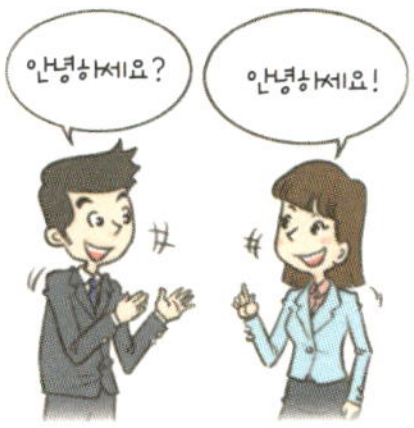

2

ⓐ

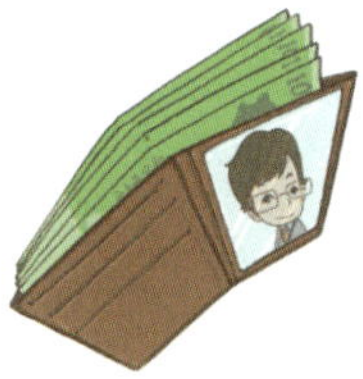

ⓑ

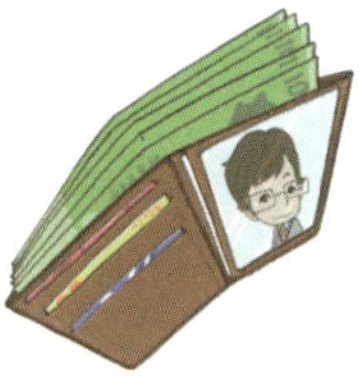

ⓒ

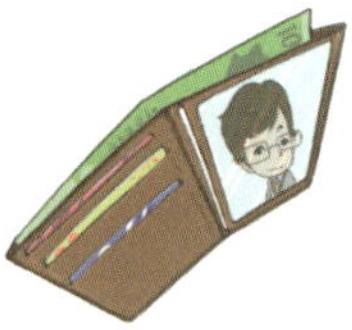

3

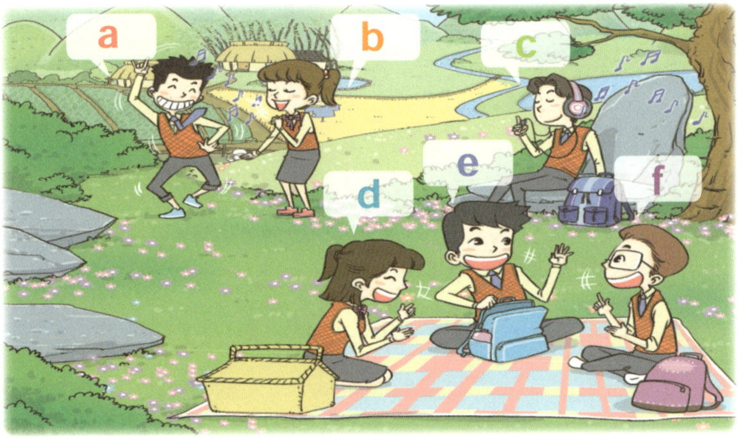

あそこで撮影があるようです。

저기에서 촬영이 있는 것 같습니다.

ポイント

① 추측 표현(ようだ) 익히기

② 彼女は幸せなようです。

③ 彼は歌が上手で、
　　まるで歌手のようです。

④ 母のような優しい人と
　　結婚したいです。

あそこ 저기	〜に 〜에	
集まる 모이다	ある 있다	何か 뭔가
撮影 촬영	芸能人 연예인	本当 정말
歌手 가수	背が高い 키가 크다	スタイル 스타일
まるで 마치	モデル 모델	本当に 정말로	人気 인기	ファン 팬	いる 있다
すてきだ 멋있다	〜がほしい 〜을/를 원하다(갖고 싶다)	早く 빨리	できる 생기다

山田: あそこに人が集まっていますね。

キム: カメラもありますよ。
何かの撮影があるみたいですね。

山田: あ、あの人、芸能人じゃありませんか。

キム: 本当ですね。彼は有名な歌手ですよ。

山田: そうですか。背も高くて、スタイルもよくて…。
まるで、モデルのようですね。

キム: はい、彼は本当に人気があるようですね。
彼を見に来たファンがたくさんいますよ。

山田: ああ、私もあの人のようなすてきな恋人が
ほしいです。

キム: そうですね。
早くすてきな恋人ができたらいいですね。

覚えよう

01　~ようだ　　　　　　　　　　　　　　　　　　　　　　　　　　　-인 것 같다

```
명　　사 : 명사　の
な형용사 : 어간　な          +    ようだ
い형용사 : 기본형
동　　사 : 기본형
```

電話に出ないから、留守のようです。　전화를 받지 않기 때문에 부재중인 것 같습니다.

いつもにこにこしているから、彼女は幸せなようです。
　　　　　　　　　　　　　　　　　항상 방긋방긋하고 있기 때문에 그녀는 행복한 것 같습니다.

あの二人はいつも一緒にいるから、仲がいいようです。
　　　　　　　　　　　　　　　　저 두 사람은 항상 함께 있기 때문에 사이가 좋은 것 같습니다.

あの店は人が多いから、人気があるようです。
　　　　　　　　　　　　　　　저 가게는 사람이 많기 때문에 인기가 있는 것 같습니다.

02　(まるで) ~ようだ (비유)　　　　　　　　　　　　　　　(마치) -인 것 같다

彼は歌が上手で、まるで歌手のようです。　그는 노래를 잘해서, 마치 가수 같습니다.

この部屋は蒸し暑くて、まるでサウナのようです。이 방은 무더워서, 마치 사우나 같습니다.

03　~ような (예시)　　　　　　　　　　　　　　　　　　　　- 인 것 같은

韓国料理のような辛い物が食べたいです。　한국요리 같은 매운 것이 먹고 싶습니다.

母のような優しい人と結婚したいです。　엄마 같은 상냥한 사람과 결혼하고 싶습니다.

TIP　「ようだ」는 [な형용사]처럼 변한다.

04 ～みたいだ　　　　　　　　　　　　　　　　　　　　　-인 것 같다

```
명    사 : 명사
な형용사 : 어간          +  みたいだ
い형용사 : 기본형
동    사 : 기본형
```

電話に出ないから、留守みたいです。　전화를 받지 않기 때문에 부재중인 것 같습니다.

いつもにこにこしているから、彼女は幸せみたいです。
　　　　　　　　　　　　　　　항상 방긋방긋하고 있기 때문에 그녀는 행복한 것 같습니다.

あの二人はいつも一緒にいるから、仲がいいみたいです。
　　　　　　　　　　　　　　　저 두 사람은 항상 함께 있기 때문에 사이가 좋은 것 같습니다.

あの店は人が多いから、人気があるみたいです。
　　　　　　　　　　　　　　　저 가게는 사람이 많기 때문에 인기가 있는 것 같습니다.

TIP　「ようだ」와 같은 의미이지만, 「ようだ」보다 좀 더 회화체로 회화에서 많이 사용한다.

電話に出る 전화를 받다　　留守 부재중　　にこにこする 방긋거리다　　彼女 그녀
幸せだ 행복하다　　仲 사이　　人気 인기　　歌手 가수
部屋 방　　蒸し暑い 무덥다　　サウナ 사우나　　辛い物 매운 것
母 엄마　　優しい 상냥하다　　結婚する 결혼하다

話してみよう

01 다음 예와 같이 말해 보세요.

예 **有名です / 料理がおいしいです**
A: 店に人がたくさんいますね。
B: そうですね。有名なようですね。
　 そうですね。料理がおいしいようですね。

❶ **付き合っています / 仲がいいです**
A: あの二人はまた一緒にいますね。
B:

❷ **お客さんが来ます / 暇です**
A: 彼女は部屋を片付けていますね。
B:

❸ **誰もいません / 留守です**
A: 部屋の電気が消えていますね。
B:

❹ **ダイエット中でした / 甘いものが好きじゃありません**
A: 田中さんは甘いものを食べませんでしたね。
B:

❺ **会社を辞めました / 約束がありませんでした**
A: 彼は今日もうちにいますね。
B:

02 다음 예와 같이 말해 보세요.

예 彼女は歌が上手だ / 歌手

A: 彼女は歌が上手ですね。
B: そうですね。まるで、歌手のようですね。

❶ あの子どもはかわいい / 人形(にんぎょう)

❷ 彼はかっこいい / 芸能人(げいのうじん)

❸ ジョンさんは日本語がぺらぺらだ / 日本人

❹ 鈴木さんは背が高くてスタイルがいい / モデル

たくさん 많이	付(つ)き合(あ)う 사귀다	仲(なか) 사이	また 또	お客(きゃく)さん 손님
暇(ひま)だ 한가하다	片(かた)付(づ)ける 정리하다, 정돈하다		留守(るす) 부재중	消(き)える 꺼지다
ダイエット中(ちゅう) 다이어트 중		甘(あま)いもの 단 것	辞(や)める 그만두다	約束(やくそく) 약속
上手(じょうず)だ 잘하다, 능숙하다	かわいい 귀엽다	人形(にんぎょう) 인형	かっこいい 멋있다	芸能人(げいのうじん) 연예인
ぺらぺらだ 능숙하게 술술 말하다		背(せ)が高(たか)い 키가 크다	スタイル 스타일	モデル 모델

32 あそこで撮影(さつえい)があるようです

話してみよう 말해보자

03 다음 예 와 같이 말해 보세요.

예 チョコレート / 甘いもの

A: どんな物が食べたいですか。
B: チョコレートのような甘いものが食べたいです。

❶ 生ビール / 冷たいもの

A: どんな物が飲みたいですか。
B:

❷ 母 / 優しい人

A: どんな人と結婚したいですか。
B:

❸ 京都 / 古くてきれいな町

A: どんな所に住みたいですか。
B:

❹ マルチーズ / 小さくてかわいい犬

A: どんなペットが飼いたいですか。
B:

チョコレート 초콜릿	どんな 어떤	生ビール 생맥주	冷たいもの 찬 것
古い 오래되다, 낡다	町 마을	所 곳, 장소	～に住む ～에 살다
マルチーズ 마르티스	犬 개	ペット 애완동물	飼う 기르다

070　NEW すくすく 日本語 ❸

聞いてみよう

Track 24

01 다음을 듣고 맞는 것에 O표를 하세요.

		O	X
예		**O**	
①			
②			
③			
④			

32 あそこで撮影があるようです

今日、先生に ほめられました。

오늘 선생님에게 칭찬받았습니다.

ポイント

① **수동형** 익히기

② 私は先輩(せんぱい)にいじめられました。

③ 私は部長(ぶちょう)に仕事(しごと)を頼(たの)まれました。

嬉(うれ)しい 기쁘다	何(なに)か 뭔가	
いいこと 좋은 일	実(じつ)は 실은	
ほめる 칭찬하다	どうして 왜, 어째서	この前(まえ) 요전
受(う)ける (시험을) 치다	試験(しけん) 시험	～で ～에서
点(てん) 점, 점수	取(と)る 잡다, 받다	すごい 굉장하다
おめでとうございます 축하합니다	それだけ 그것 뿐	他(ほか)に 그 밖에
先輩(せんぱい) 선배	デート 데이트	誘(さそ)う 권유하다	それは 그것은	よかった 잘 됐다

キム: 山田さん、嬉しそうですね。
何かいいことがありましたか。

山田: ええ、実は今日、先生にほめられました。

キム: どうしてほめられましたか。

山田: この前受けた韓国語の試験で、100点を取りましたから。

キム: すごいですね。おめでとうございます。

山田: ありがとうございます。
でも、それだけじゃありません。

キム: 他に何がありましたか。

山田: 私が前から好きだった先輩にデートに誘われました。

キム: それはよかったですね。

覚えよう

01　~れる/られる(수동형)　　　-함을 당하다/-해지다

		기본형	수동형
1그룹동사	あ단 + れる 예외 う ➡ わ	誘う(さそう)	誘われる
		聞く(きく)	聞かれる
		押す(おす)	押される
		呼ぶ(よぶ)	呼ばれる
		盗む(ぬすむ)	盗まれる
		叱る(しかる)	叱られる
		触る(さわる)	触られる
2그룹동사	る + られる	ほめる	ほめられる
		見る(みる)	見られる
3그룹동사		来る(くる)	来られる
		招待する(しょうたい)	招待される

02 명사に 수동형　　　　　　　　　　　　　　　　　　　　　　　　　-에게 -해지다

私は先輩(せんぱい)にいじめられました。　　　　　나는 선배에게 괴롭힘을 당했습니다.

私は蚊(か)に刺(さ)されました。　　　　　　　　　　　나는 모기에게 물렸습니다.

私は中村さんに招待(しょうたい)されました。　　　나는 나까무라 씨에게 초대받았습니다.

03 명사に 명사を 수동형　　　　　　　　　　　　　　　　　　　　　-에게 -을 -해지다

私はすりに財布(さいふ)を掏(す)られました。　　　　나는 소매치기에게 지갑을 소매치기 당했습니다.

私は部長(ぶちょう)に仕事(しごと)を頼(たの)まれました。　　　나는 부장님에게 일을 부탁받았습니다.

私は先生に作文(さくぶん)をほめられました。　　　나는 선생님에게 작문을 칭찬받았습니다.

誘(さそ)う 권유하다	聞(き)く 듣다, 묻다	押(お)す 밀다	呼(よ)ぶ 부르다	盗(ぬす)む 훔치다
叱(しか)る 꾸중하다	触(さわ)る 만지다	ほめる 칭찬하다	招待(しょうたい)する 초대하다	先輩(せんぱい) 선배
いじめる 괴롭히다	蚊(か) 모기	刺(さ)す 찌르다	すり 소매치기	掏(す)る 소매치기하다
部長(ぶちょう) 부장	仕事(しごと) 일	頼(たの)む 부탁하다	作文(さくぶん) 작문	

話してみよう

01 다음 예 와 같이 말해 보세요.

예 部長 / 怒る / 大変だ

A: どうしたんですか。
B: 部長に怒られました。
A: それは大変でしたね。

❶ どろぼう / 入る / 大変だ

❷ 恋人 / 振る / 残念だ

❸ 先生 / ほめる / いい

❹ 彼氏 / プロポーズする / いい

たんご

部長 부장	怒る 화내다	大変だ 힘들다	どうしたんですか 무슨 일입니까?
どろぼう 도둑	入る 들어오다, 들어가다	恋人 애인	振る 거절하다	残念だ 유감이다
ほめる 칭찬하다	プロポーズする 청혼하다	ラブレター 러브레터	すり 소매치기
掏る 소매치기하다	外国人 외국인	道 길	噛む 물다	弟 남동생	先週 지난주
壊す 망가뜨리다	大事だ 중요하다	書類 서류	捨てる 버리다

02 다음 예와 같이 말해 보세요.

예 友だち / ラブレターを見る

A: どうしたんですか。
B: 友だちにラブレターを見られました。
A: それは大変でしたね。

❶ すり / 財布を掏る

❷ 外国人 / 英語で道を聞く

❸ 犬 / あしを噛む

❹ 弟 / 先週買ったデジカメを壊す

❺ 母 / 大事な書類を捨てる

33 今日、先生にほめられました

聞いてみよう 들어보자

Track 27

01 다음을 듣고 맞는 것에 O표를 하세요.

예

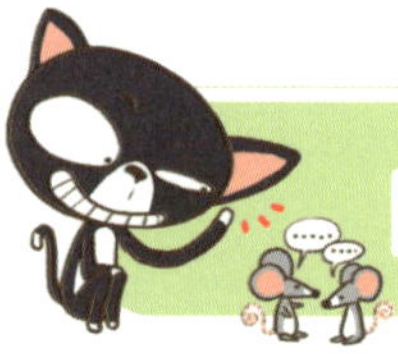

ⓐ 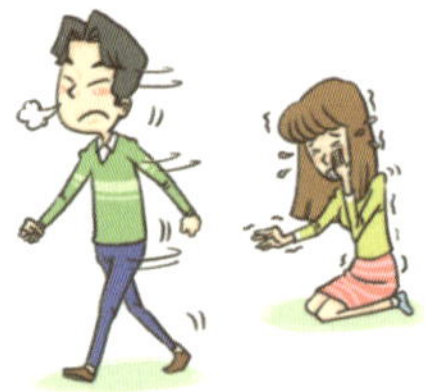

ⓑ 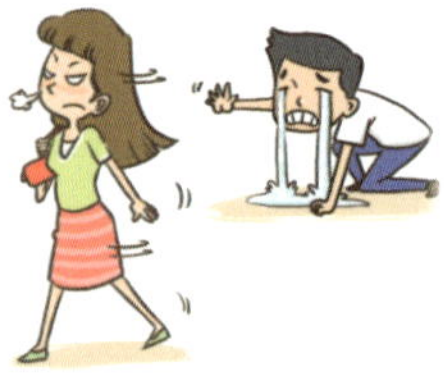

O

❶

ⓐ 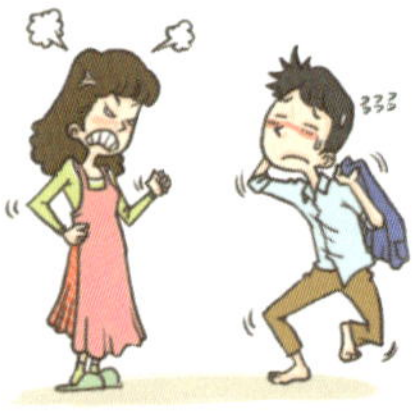

ⓑ 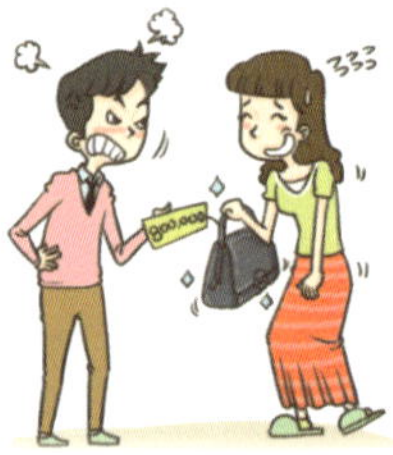

❷

ⓐ 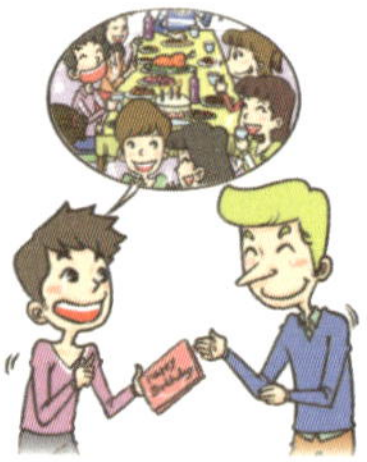

ⓑ 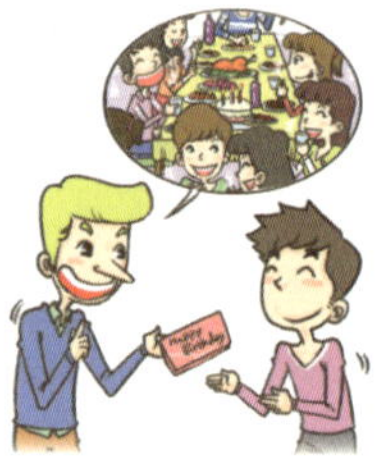

❸

ⓐ 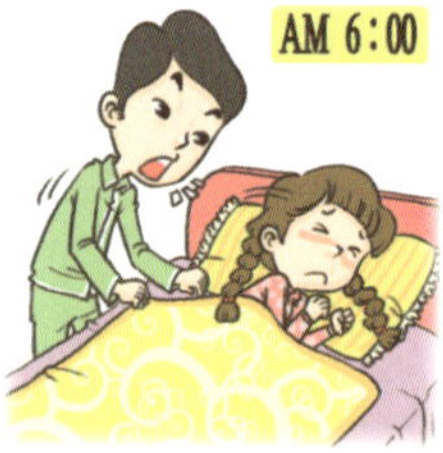

ⓑ 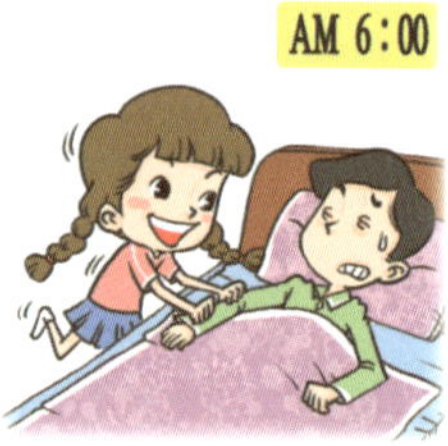

❹

ⓐ 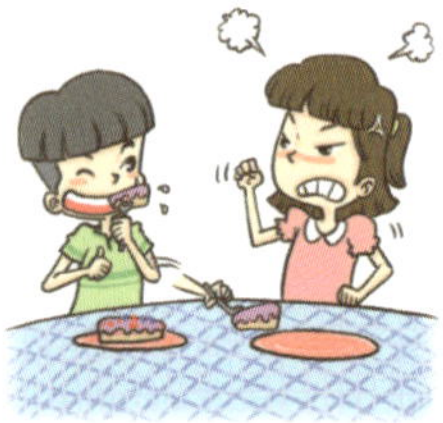

ⓑ 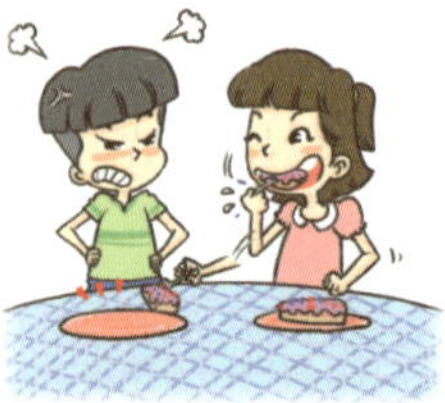

読んでみよう ③

私は高校3年生の女の子です。私は背が低くて少し太っているから、今クラスの男の子たちに「まるで子どものようだ」と言われたり、笑われたりしています。私の友だちは、背が高くて、スタイルもいいですから、まるでモデルのようです。私はその友だちのような人がうらやましいです。私も大学に入る前にやせたいです。　　　　　（18歳　ゆき）

悩みは「大学に入る前にやせること」ですね。私は健康に問題がなければ、少し太っていても大丈夫だと思いますが、スタイルがいい友だちがうらやましければ、ダイエットをすすめます。

でも、はやくやせるために「水しか飲まない、ワンフードしか食べない」などの方法はよくありません。ごはんはきちんと食べながら、運動をする方法をおすすめします。

★ **위의 내용과 맞으면 O표, 틀리면 X표를 하세요.**

❶ この女の子はやせている人がうらやましいと思っています。（　）

❷ 先生はワンフードだけ食べるダイエットをすすめています。（　）

❸ クラスの男の子たちはこの女の子を見て、「まるで子どもみたいだ」と言っています。（　）

背が低い 키가 작다	太る 살찌다	言う 말하다	笑う 웃다	うらやましい 부럽다
やせる 살빼다, 마르다	悩み 고민	健康 건강	問題 문제	すすめる 추천하다
ワンフード 한 가지 음식	～など ～등	方法 방법	きちんと 제대로	おすすめ 추천

33　今日、先生にほめられました

私は子どもを自由(じゆう)に遊ばせます。

저는 아이를 자유롭게 놀게 하겠습니다.

ポイント

① **사역형** 익히기

② 課(か)長(ちょう)は田中さん**を**出張(しゅっちょう)に**行かせました**。

③ 私は娘(むすめ)**に**ピアノ**を**習(なら)**わせ**たいです。

④ 今日は雨(あめ)だ**し**、寒(さむ)い**し**、出(で)かけたくありません。

~たち ~들　　習(なら)い事(ごと) 배우는 것
~で ~로, ~때문에　　塾(じゅく) 보습학원
~に通(かよ)う ~에 다니다　　親(おや) 부모　　大人(おとな) 어른
暇(ひま) 여유　　かわいそうだ 불쌍하다　　できる 생기다
もっと 좀 더　　自由(じゆう)に 자유롭게　　無理(むり)に 무리하게　　~だけ ~만, ~뿐
小(ちい)さい時(とき) 어렸을 때　　習(なら)う 배우다　　やっぱり 역시　　大事(だいじ)だ 중요하다　　就職(しゅうしょく) 취직
~にも ~에도　　必要(ひつよう)だ 필요하다　　できれば 가능하면　　思(おも)う 생각하다　　どうなるか 어떻게 될지

山田: 最近の子どもたちは習い事で忙しいそうですね。

キム: 子どもを塾に通わせる親が多いですからね。
大人より暇がないようですよ。

山田: かわいそうですね。私は子どもができたら、
もっと自由に遊ばせたいです。

キム: 私も無理に習い事をさせたくありませんね。
でも、外国語だけは小さい時から習わせます。

山田: そうですか。
やっぱり今は外国語が大事ですからね。

キム: はい、就職にも必要だし、できれば留学も
させたいし…。

山田: 私は子どもがしたいと思うことをさせたいです。
でも、本当に子どもができたら、どうなるか、
よくわかりません。

覚えよう

01　～せる/させる(사역형)　　　-하게 하다

		기본형	사역형
1그룹동사	あ단 + せる 예외 う ➡ わ	笑う	笑わせる
		弾く	弾かせる
		泳ぐ	泳がせる
		消す	消させる
		待つ	待たせる
		死ぬ	死なせる
		選ぶ	選ばせる
		飲む	飲ませる
		座る	座らせる
2그룹동사	る + させる	見る	見させる
		別れる	別れさせる
3그룹동사		来る	来させる
		安心する	安心させる

笑う 웃다　　弾く 치다, 연주하다　　消す 지우다, 끄다　　選ぶ 선택하다　　座る 앉다
別れる 헤어지다, 이별하다　　安心する 안심하다　　課長 과장　　出張 출장
母 엄마　　野菜 야채　　娘 딸　　習う 배우다　　せき 기침

082　NEW すくすく 日本語 ❸

외워보자

02 명사を사역형　　　　　　　　　　　　　　　　　　　　　－을(를) －하게 하다

課長は田中さんを出張に行かせました。　　과장님은 다나까 씨를 출장가게 했습니다.

早くうちに帰って、母を安心させました。　　일찍 돌아가서, 엄마를 안심하게 했습니다.

03 명사に명사を사역형　　　　　　　　　　　　　　　　　　－에게 －을(를) －하게 하다

子どもに野菜を食べさせています。　　아이에게 야채를 먹게 하고 있습니다.

私は娘にピアノを習わせたいです。　　나는 딸에게 피아노를 배우게 하고 싶습니다.

04 ～し～し　　　　　　　　　　　　　　　　　　　－이고 －이고/－인데다가 －인데다가

| 명　　사 : 명사だ |
| な형용사 : 기본형 |
| い형용사 : 기본형 |
| 동　　사 : 기본형 |

＋ し

今日は雨だし、寒いし、出かけたくありません。
　　오늘은 비이고, 춥고, 외출하고 싶지 않습니다.

彼女は顔もきれいだし、頭もいいし、優しいです。
　　그녀는 얼굴도 예쁜데다가, 머리도 좋은데다가, 상냥합니다.

残業も多いし、休みも少ないし、この会社を辞めたいです。
　　잔업도 많고, 휴일도 적고, 이 회사를 그만두고 싶습니다.

熱もあるし、頭も痛いし、せきも出るから、今から病院に行きます。
　　열도 있는데다가, 머리도 아픈데다가, 기침도 나오기때문에, 이제부터 병원에 갑니다.

話してみよう

01 다음 예 와 같이 말해 보세요.

예 本をたくさん読む
A: もしあなたが親だったら、子どもに何をさせますか。
B: 本をたくさん読ませます。

❶ 外国語を習う
A: もしあなたが親だったら、子どもに何をさせますか。
B:

❷ 日本に留学する
A: もしあなたが親だったら、子どもに何をさせますか。
B:

❸ 体にいい物を食べる
A: もしあなたが親だったら、子どもに何をさせますか。
B:

❹ 自由に遊ぶ
A: もしあなたが親だったら、子どもに何をさせますか。
B:

❺ 自分の部屋を片付ける
A: もしあなたが親だったら、子どもに何をさせますか。
B:

02 다음 예와 같이 말해 보세요.

예　学生が漢字を覚える
　　A: 漢字のテストがあります。どうしますか。
　　B: 学生に漢字を覚えさせます。

❶　子どもが運動をする
　　A: 子どもが太っています。どうしますか。
　　B:

❷　後輩が仕事を手伝う
　　A: 仕事が忙しいです。どうしますか。
　　B:

❸　妹が料理を作る
　　A: お腹が空きました。どうしますか。
　　B:

❹　部下が迎えに来る
　　A: 部長が出張から帰ります。どうしますか。
　　B:

もし 만약(예)　　親 부모　　留学する 유학하다　　体 몸　　物 것, 물건
自由に 자유롭게　　片付ける 정리하다, 정돈하다　　覚える 외우다　　運動 운동
太る 살찌다　　後輩 후배　　手伝う 돕다, 거들다　　妹 여동생　　お腹が空く 배가 고프다
部下 부하　　迎える 마중하다　　部長 부장　　出張 출장

34 私は子どもを自由に遊ばせます

話してみよう

03 다음 예와 같이 말해 보세요.

예) 駅から近いです / 静かです / 買い物に便利です

A: この家をどう思いますか。
B: 駅から近いし、静かだし、買い物に便利だと思います。

❶ 軽いです / 使い方も簡単です / 値段も安いです

A: このカメラをどう思いますか。
B:

❷ 美人です / 英語もできます / とてもいいです

A: 山田さんをどう思いますか。
B:

❸ 有名な会社のものです / とても人気があります / 丈夫です

A: その車をどう思いますか。
B:

❹ おいしくありません / 高いです / 店員も親切じゃありません

A: あのレストランをどう思いますか。
B:

駅 역	近い 가깝다	買い物 쇼핑	家 집	どう 어떻게
思う 생각하다	軽い 가볍다	使い方 사용 방법	簡単だ 간단하다	値段 가격
美人 미인	できる 할 수 있다	人気 인기	丈夫だ 튼튼하다	店員 점원

聞いてみよう

Track 30

01 다음을 듣고 맞는 것에 O표를 하세요.

		パク	鈴木
先生	単語		
	漢字		
親	英語		
	運動		
上司	残業		
	出張		

日本に帰ってゆっくり休もうと思っています。

일본에 돌아가서 푹 쉬려고 생각하고 있습니다.

ポイント

① 의지형(う/よう형) 익히기

② 来年日本に留学しようと思います。

③ 今週末にさくらを見に行くつもりです。

④ 赤ちゃんは9月に生まれる予定です。

今年 올해	お正月 설날	
国 나라(일본)	予定 예정	いつ 언제
戻る 되돌아오다	ゆっくり休む 푹 쉬다	やっぱり 역시
大みそか 한 해의 마지막 날(12월 31일)		そば 메밀국수
おせち料理 설날에 먹는 전통 음식		うらやましい 부럽다

キム: 山田さん、今年のお正月は何をしますか。

山田: 今年は国に帰る予定です。

キム: いいですね。いつ帰る予定ですか。

山田: 12月29日に帰って、1月4日に戻る予定です。

キム: そうですか。国に帰って、何をするつもりですか。

山田: お正月ですから、おいしいものを食べながら、ゆっくり休もうと思っています。

キム: 何を食べるつもりですか。

山田: やっぱり大みそかにはそばを食べて、お正月にはおせち料理を食べるつもりです。

キム: おいしそうですね。うらやましいです。

覚えよう

01 ～う/よう(의지형)　　　－해야지(의지)/－하자(권유)

		기본형	의지형
1그룹동사	お단 + う	習う	習おう
		働く	働こう
		急ぐ	急ごう
		引っ越す	引っ越そう
		待つ	待とう
		死ぬ	死のう
		遊ぶ	遊ぼう
		頼む	頼もう
		送る	送ろう
2그룹동사	る + よう	借りる	借りよう
		始める	始めよう
3그룹동사		来る	来よう
		する	しよう

02 의지형 + と思う　　　　　　　　　　　　　　　　　　　　　－하려고 생각한다

今週末にさくらを見に行こうと思います。　　이번 주말에 벚꽃을 보러 가려고 생각합니다.

7月に日本語の試験を受けようと思います。　　7월에 일본어 시험을 치려고 생각합니다.

来年日本に留学しようと思います。　　　　　　내년에 일본에 유학가려고 생각합니다.

03 기본형 + つもりだ　　　　　　　　　　　　　　　　　　　　－할 생각이다

今週末にさくらを見に行くつもりです。　　이번 주말에 벚꽃을 보러 갈 생각입니다.

7月に日本語の試験を受けるつもりです。　　7월에 일본어 시험을 칠 생각입니다.

来年日本に留学するつもりです。　　　　　　내년에 일본에 유학 갈 생각입니다.

04 기본형 + 予定だ　　　　　　　　　　　　　　　　　　　　　－할 예정이다

来年卒業する予定です。　　　　　　　　　　내년에 졸업할 예정입니다.

飛行機は4時に着く予定です。　　　　　　　비행기는 4시에 도착할 예정입니다.

赤ちゃんは9月に生まれる予定です。　　　　아기는 9월에 태어날 예정입니다.

頼む 부탁하다　　今週末 이번 주말　　さくら 벚꽃　　試験 시험　　受ける (시험을)치다
来年 내년　　留学する 유학하다　　卒業する 졸업하다　　飛行機 비행기　　着く 도착하다
赤ちゃん 갓난아기　　生まれる 태어나다

話してみよう

01 다음 예 와 같이 말해 보세요.

예 晩ごはん / 食べる / 7時に食べる

A: 晩ごはんは、もう食べましたか。
B: いいえ、まだです。7時に食べようと思います。

❶ レポート / 書く / 夜、書く

❷ メール / 送る / 休み時間に送る

❸ 単語 / 覚える / あとで覚える

❹ 旅行のホテル / 予約する / 週末、予約する

❺ 宿題 / 出す / 授業が終わったあとで出す

02 다음 예와 같이 말해 보세요.

예 山に登ります

A: 週末は何をしますか。
B: 山に登るつもりです。

❶ 好きなテレビ番組を見ます

A: 今夜は何をしますか。
B:

❷ 父の仕事を手伝います

A: 会社を辞めて、何をしますか。
B:

❸ みんなでごはんを食べます

A: 授業が終わったあとで、何をしますか。
B:

❹ 大学院に進みます

A: 大学を卒業したら、何をしますか。
B:

晩ごはん 저녁밥	夜 밤	メール 메일	送る 보내다	休み時間 쉬는 시간
単語 단어	覚える 외우다	あとで 나중에	予約する 예약하다	宿題 숙제
出す 내다, 제출하다	授業 수업	終わる 끝나다	～に登る ～에 오르다	テレビ番組 방송 프로그램
今夜 오늘 밤	父 아버지	手伝う 돕다, 거들다	辞める 그만두다	みんな 모두
大学院 대학원	進む 진학하다	大学 대학	卒業する 졸업하다	

話してみよう

03 다음 예정표를 보고 예와 같이 말해 보세요.

4月8日 スケジュール

朝8時	ソウル駅から出発します	1時半	船に乗ります つりをします
10時	海に着きます	6時	船を降ります
	海で泳ぎます		晩ごはんを食べます
12時	さしみを食べます	9時半	ソウル駅に着きます

例　A: 旅行はいつ行きますか。
　　B: 4月8日に行く予定です。

❶ A: 何時に出発しますか。
　 B:

❷ A: 何時に海に着きますか。
　 B:

❸ A: 昼ごはんは何を食べますか。
　 B:

❹ A: 船に乗って何をしますか。
　 B:

スケジュール 스케줄　駅 역　出発する 출발하다　海 바다　着く 도착하다
さしみ 회　船 배, 선박　つり 낚시　降りる 내리다　昼ごはん 점심밥

01 다음을 듣고 그림에서 해당하는 번호를 고르세요.

예	❶	❷	❸	❹
鈴木	山田	パク	キム	佐藤
⑥/②	/	/	/	/

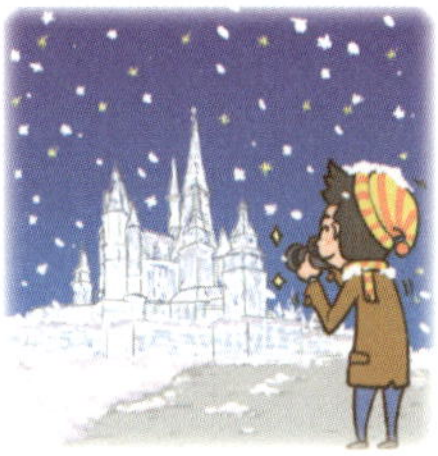

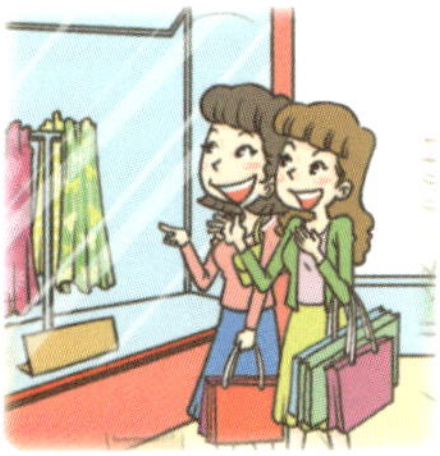

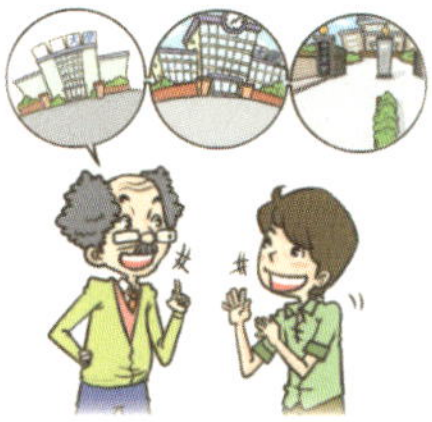

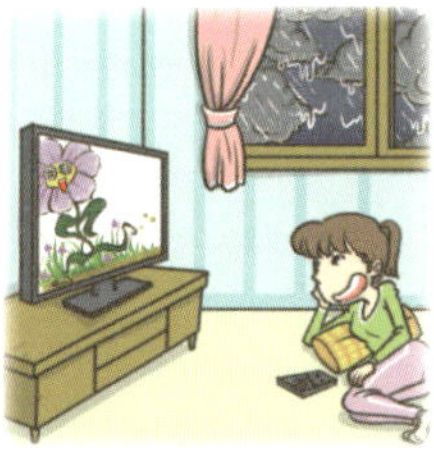

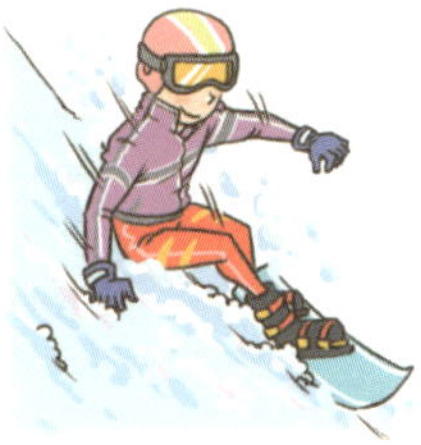

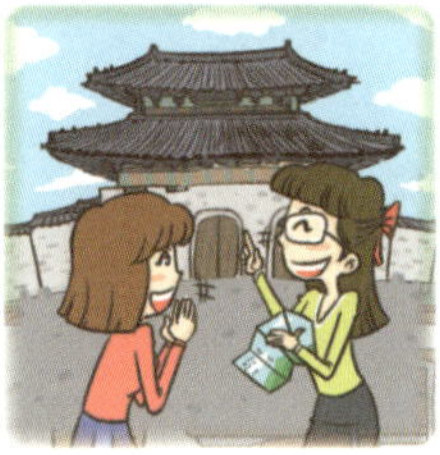

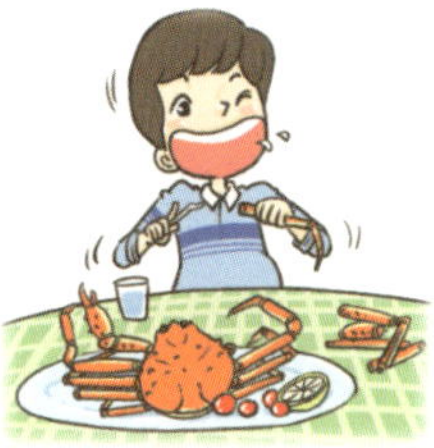

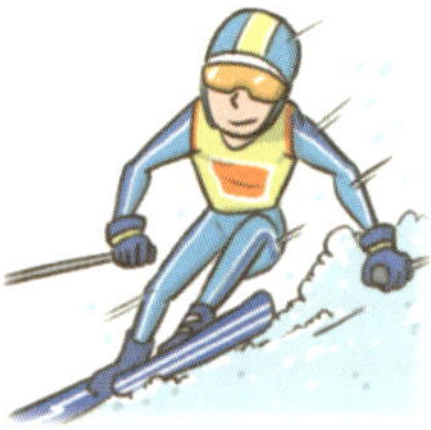

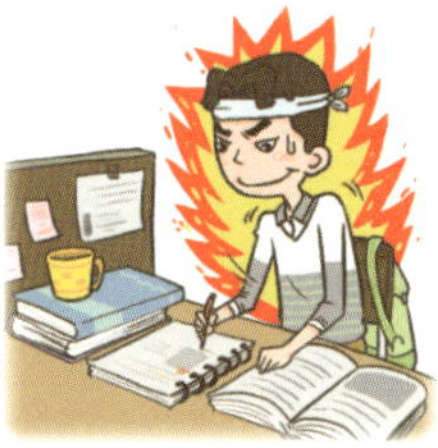

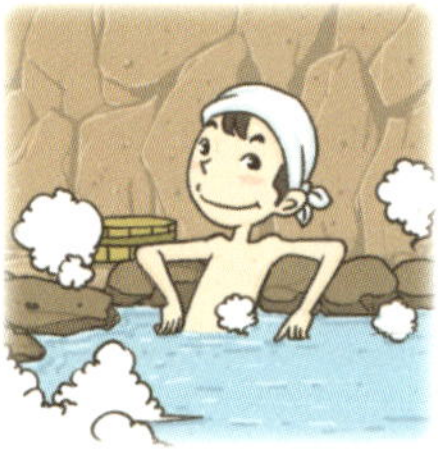

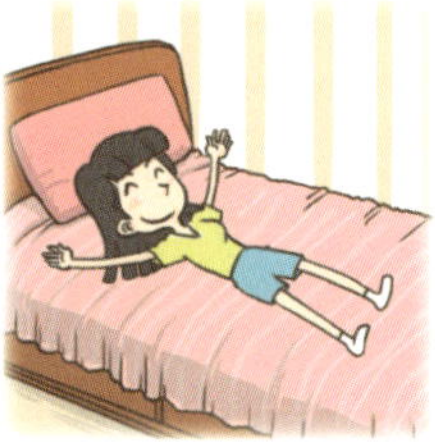

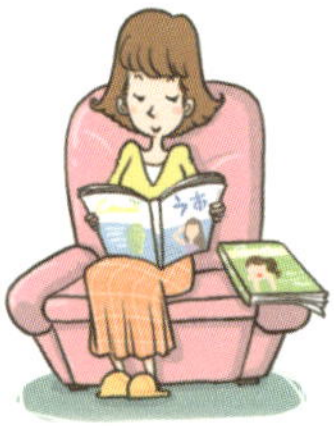

ここは賑やかすぎて、住みにくいです。

여기는 지나치게 번화해서, 살기 불편합니다.

ポイント

1. このカメラは使いやすいです。
2. 雨の日は歩きにくいです。
3. この服は高すぎて、買うことができません。

次 다음	学期 학기	
引っ越す 이사하다	どうして 왜, 어째서	
今 지금	学校 학교	近い 가깝다
通う 다니다, 통학하다	賑やかだ 번화하다	遅く 늦게
うるさい 시끄럽다	住む 살다, 거주하다	それに 게다가	時間 시간	困る 곤란하다
～より ～보다	静かだ 조용하다	できれば 가능하면	家賃 집세	探す 찾다

山田: 私、次の学期に入る前に引っ越そうと思っています。

キム: え、どうしてですか。今のうちは学校から近くて、通いやすくありませんか。

山田: はい。そうですが、ちょっと賑やかすぎて、夜遅くまでうるさいですから。

キム: そうですね。夜遅くまでうるさかったら、住みにくいですね。

山田: それに、今のうちは友だちが遊びに来すぎて、勉強する時間がないし…。

キム: そうですか。それは困りますね。どんなうちに引っ越すつもりですか。

山田: 今のうちより静かで、できれば家賃が安いうちがいいですね。

キム: じゃあ、一緒に探しましょう。

山田: ありがとうございます。

覚えよう　　　　　　　　　　　　　　　　　　　　　오워보자

01　동사 ます형 ＋ やすい　　　　　　　　　　　　　-하기 쉽다/편하다
　　　동사 ます형 ＋ にくい　　　　　　　　　　　　-하기 어렵다/불편하다

このカメラは使いやすいです。　　　　　　　　이 카메라는 사용하기 편합니다.

この本は字が大きくて、読みやすいです。　　　이 책은 글자가 커서 읽기 편합니다.

雨の日は歩きにくいです。　　　　　　　　　　비오는 날은 걷기 불편합니다.

この本は難しくて、わかりにくいです。　　　　이 책은 어려워서, 이해하기 어렵습니다.

02　동　　사 : ます형
　　　い형용사 : 어간(い)　　＋　　すぎる　　　　　지나치게/너무 -하다
　　　な형용사 : 어간(だ)

お酒を飲みすぎました。　　　　　　　　　　　술을 지나치게 마셨습니다.

この服は高すぎて、買うことができません。　이 옷은 너무 비싸서, 살 수가 없습니다.

そのアルバイトは大変すぎて、いやです。　그 아르바이트는 지나치게 힘들어서 싫습니다.

たんご

使う 사용하다	字 글자	歩く 걷다	服 옷	いやだ 싫다
道 길	運転する 운전하다	広い 넓다	狭い 좁다	汚い 더럽다, 지저분하다
話 말, 이야기	わかる 알다, 이해하다	説明 설명	町 마을	住む 살다
交通 교통	不便だ 불편하다			

話してみよう

Track 35

01 다음 예와 같이 말해 보세요.

예 この道 / 運転する （広い / 狭い）

A: この道は運転しやすいですか。
B: はい、広くて、運転しやすいです。
　　いいえ、狭くて、運転しにくいです。

❶ 田中さんのパソコン / 使う (新しい / 古い)

❷ このテレビ / 見る (大きい / 小さい)

❸ 山田さんのレポート / 読む (きれいだ / 汚い)

❹ 先生の話 / わかる (説明が簡単だ / 説明が難しい)

❺ この町 / 住む (交通が便利だ / 交通が不便だ)

36 ここは賑やかすぎて、住みにくいです

話してみよう

02 다음 예와 같이 말해 보세요.

예 **ゲームをする / 目が痛い**

A: どうしたんですか。
B: ゲームをしすぎて、目が痛いです。

 ごはんを食べる / お腹が痛い

❷ 働く / とても疲れている

❸ この部屋は狭い / 生活しにくい

❹ 彼は真面目だ / 話しにくい

ゲーム 게임　　目 눈　　痛い 아프다　　どうしたんですか 무슨 일입니까?　　働く 일하다
疲れる 피곤하다　　狭い 좁다　　生活する 생활하다

01 다음을 듣고 맞는 것에 O표를 하세요.

読んでみよう ④

A
　最近の子どもたちは、毎日毎日勉強で忙しすぎて、遊ぶ時間が全然ないそうです。最近の親たちは自分の子どもに小さい時から勉強させて、いい大学、いい会社に入らせようと思っていますが、私には理解しにくいです。小さいときは元気に遊ぶことが一番だと思うからです。
　私は子どもができたら、自由に遊ばせたり、旅行に連れて行ったりするつもりです。子どもはいろいろなことを経験しながら、自分が本当に好きなことや、したいことがわかると思うからです。

B
　最近の親たちは子どもに勉強をさせすぎだと思います。小学生でも、毎日遅くまで塾に通って勉強するそうですから、子どもがかわいそうです。
　でも、私も子どもができたら、やっぱり必要ですから勉強はさせるつもりです。特に、外国語は小さいときから習わせるつもりです。子どもが小さい時は外国語も楽しく覚えることができるし、外国語の発音も習いやすいそうだからです。
　楽器でも、運動でも、外国語でも、子どもがしたいと思うことは何でもさせたいです。

★ 위의 내용과 맞으면 O표, 틀리면 X표를 하세요.

❶ AさんもBさんも、最近の子どもは勉強が忙しくて大変すぎると思っている。（　）

❷ AさんもBさんも、子どもに勉強をさせることがいいと思っている。（　）

❸ Bさんが子どもに小さい時から外国語を習わせたいと思っている。（　）

全然 전혀	親たち 부모들	自分 자신	理解する 이해하다	できる 생기다, 할 수 있다
自由に 자유롭게	連れて行く 데리고 가다	いろいろだ 여러 가지다	経験する 경험하다	
小学生 초등학생	塾 보습학원	かわいそうだ 불쌍하다	やっぱり 역시	必要だ 필요하다
特に 특히	外国語 외국어	習う 배우다	覚える 외우다	発音 발음	楽器 악기

年末にすること

Q 퀴즈 : 일본 연말에 하는 행사가 아닌 것은 무엇입니까?

❶ お世暮

❷ 年越しそば

❸ だるまの目入れ

❹ 大掃除

 <u>お世暮는 연말에 신세를 진 분들에게 감사의 마음을 담아서 보내는 선물, 또는 선물을 보내는 것, 두 가지 경우를 나타낸다.</u>
지난해의 감사의 마음과 더불어 앞으로도 잘 부탁한다는 마음을 담아 12월 초에서 12월 20일경에 보낸다.

 <u>年越しそば는 12월 31일에 먹는 메밀 국수다.</u>
메밀국수는 가늘고 길게 잘라서 만드는 요리이기 때문에 [건강장수]를 기원하면서 먹는다는 것이 가장 일반적인 유래이다.

(o) <u>だるまの目入れ는 연말이 아니어도 언제라도 할 수 있는 풍습이다.</u>
이루어 지기를 원하는 일이 생겼을 때, [だるま]의 한쪽 눈에 먹으로 눈을 그리고, 원하던 일이 이루어졌을 때 나머지 한쪽 눈을 그리는 풍습이다.

 <u>大掃除는 일반적으로 연말(대개는 12월 28일)에 평상시보다 더 많이 청소한다.</u>
현재는 [1년의 더러움을 씻어내고 새로운 기분으로 새해를 맞이하기 위해서]라는 의미가 일반적이다.

36 ここは賑やかすぎて、住みにくいです

해석

25 회화문

야마다: 나, 어제 새로 생긴 테마파크에 갔다 왔어.
나오: 좋겠다. 즐거웠어?
야마다: 응, 사람이 매우 많았지만, 아주 즐거웠어.
나오: 아, 부럽다. 거기에서 뭐 했어?
야마다: 놀이기구를 타기도 하고, 쇼를 보기도 했어. 나오는 어제 뭐했어?
나오: 실은 나 어제 친구 아르바이트 동료와 미팅 했어.
야마다: 어? 정말? 좋은 남자 있었어?
나오: 아니. 모두 친절하고 좋은 사람이었는데, 내 스타일은 아니었어.
야마다: 그래? 유감이었네. 다음에 내가 좋은 사람 소개해 줄게.

26 회화문

김민수: 야마다 씨, 들었습니까? 나까무라 씨가 결혼한다고 합니다.
야마다: 정말이요? 전혀 몰랐어요. 상대는 어떤 사람인가요?
김민수: 예쁘고 상냥한 사람이라고 합니다. 게다가 한국사람이라고 합니다.
야마다: 예? 국제결혼인가요? 굉장하네요.
김민수: 예, 소문에 의하면 여자친구가 일본에서 나까무라 씨와 같은 대학이었다고 합니다.
야마다: 그렇습니까? 나까무라 씨는 결혼해서 어디에 사나요?
김민수: 한국에 산다고 합니다. 그래서 나까무라 씨는 한국 회사에 들어갔다고 하네요.
야마다: 부럽네요.

27 회화문

김민수: 야마다 씨는 졸업하면 무엇을 할겁니까?
야마다: 아직 잘 모르겠습니다만, 기회가 있다면, 한국 회사에서 일하고 싶습니다.
김민수: 그렇습니까? 어떤 일을 하고 싶습니까?
야마다: 가능하면 무역회사에 들어가고 싶습니다만, 저에게는 어려울거라고 생각합니다.
김민수: 괜찮아요. 무역회사라면, 저도 잘 알고 있기 때문에 여러 가지 어드바이스를 할 수 있습니다.
야마다: 감사합니다. 그러면 지금은 어떤 준비를 하면 좋을까요?
김민수: 우선은, 한국어와 영어를 공부하면 좋을 거라고 생각합니다.
야마다: 알겠습니다. 졸업까지 열심히 힘내겠습니다.

28 회화문

김민수: 야마다 씨, 이 뮤지컬 티켓, 괜찮다면 줄까요?
야마다: 어떤 뮤지컬입니까?
김민수: 부장님에 의하면, 최근에 가장 인기가 있고, 아주 재미있다고 합니다.
야마다: 좋지만(기쁘지만), 정말로 제가 받아도 됩니까?
김민수: 예, 괜찮아요. 실은 이것, 부장님이 주셨는데, 저는 그날 부산에 가야하기 때문에…….
야마다: 아, 무엇을 위해서 부산에 갑니까?
김민수: 친구 결혼식에 참석하기 위해서 부산에 갑니다.
야마다: 그렇습니까? 그러면, 받겠습니다. 감사합니다.

29 회화문

야마다: 김민수 씨, 이번 연휴에 맛있는 한국요리를 먹으러 가고 싶은데, 어딘가 좋은 곳을 알고 있습니까?
김민수: 글쎄요. 어떤 요리가 먹고 싶습니까?
야마다: 우선은 맛있는 비빔밥이 먹고 싶습니다.
김민수: 비빔밥이라면, 전주가 유명하고 좋습니다. 전주는 맛있는 한국요리가 많이 있습니다.
야마다: 그렇다면, 이번 여행은 전주로 하겠습니다. 서울에서 어떻게 갑니까?
김민수: 차가 있으면 편리하지만, 없으면 버스로 갈 수도 있습니다.
야마다: 그러면 버스로 하겠습니다.

30 회화문

야마다: 이 스웨터, 따뜻할 것 같네요.
김민수: 그렇네요. 하지만 조금 비쌀 것 같이 보이네요.
야마다: 그러면 이것은 어떻습니까? 박은영 씨가 좋아할 것 같은 색이예요.
김민수: 예, 게다가 가볍고 좋아보이네요. 선물은 이것으로 할까요?
야마다: 그렇게 하지요. 케이크는 어떻게 할까요?
김민수: 지하에 있는 빵집에서 맛있을 것 같은 케이크를 봤습니다.
야마다: 그러면 거기에서 삽시다.
김민수: 파티시간에 늦을 것 같으니까, 서둘러서 사러 갑시다.

31 회화문

김민수: 야마다 씨, 오늘은 졸려 보이네요.
야마다: 어제 3시간밖에 잘 수가 없었습니다.
김민수: 왜요?
야마다: 스피치대회까지 앞으로 2일밖에 없어서요.
김민수: 어떤 스피치대회인가요?
야마다: 여러 나라에서 온 유학생들이 모여서, 한국어로 스피치를 하는 대회입니다.
김민수: 야마다 씨도 참가합니까?
야마다: 예, 그래서 어제도 밤 늦게까지 연습을 했습니다.
김민수: 어떤 내용입니까?
야마다: 한국과 일본의 문화 차이를 소개하는 내용입니다.
김민수: 재미있을 것 같네요. 열심히 하세요.

32 회화문

야마다: 저기에 사람이 모여있네요.
김민수: 카메라도 있어요. 무엇인가 촬영이 있는 것 같네요.
야마다: 어? 저 사람, 연예인 아닌가요?
김민수: 정말이네요. 그는 유명한 가수입니다.
야마다: 그렇습니까? 키도 크고, 스타일도 좋고……. 마치 모델 같네요.
김민수: 예, 그는 정말로 인기가 있는 것 같네요. 그를 보러 온 팬이 많이 있어요.
야마다: 아, 나도 저 사람 같은 멋진 애인을 갖고 싶습니다.
김민수: 그러네요. 빨리 멋진 애인이 생기면 좋겠네요.

33 회화문

김민수: 야마다 씨, 기쁜 것 같군요. 뭔가 좋은 일이 있었습니까?
야마다: 예, 실은 오늘, 선생님에게 칭찬받았습니다.
김민수: 왜 칭찬받았는데요?
야마다: 요전에 본 한국어 시험에서 100점을 맞아서요.
김민수: 굉장하네요. 축하합니다.
야마다: 감사합니다. 그런데, 그것뿐이 아니예요.
김민수: 그 밖에 무엇이 있었습니까?
야마다: 제가 전부터 좋아했었던 선배에게 데이트에 권유받았습니다.
김민수: 그것은 잘 됐네요.

34 회화문

야마다: 요즘 아이들은 배우는 것 때문에 바쁘다고 합니다.
김민수: 아이들을 학원에 다니게 하는 부모가 많으니까요. 어른보다도 시간(한가함)이 없는 것 같습니다.
야마다: 불쌍하네요. 저는 아이가 생기면, 좀더 자유롭게 놀게하고 싶습니다.
김민수: 저도 무리하게 배우는 것을 시키고 싶지 않습니다. 하지만, 외국어만은 어렸을 때부터 시킬겁니다.
야마다: 그렇습니까? 역시 지금은 외국어가 중요하니까요.
김민수: 예, 취직에도 필요한데다가, 가능하면 유학도 시키고 싶은데다가…….
야마다: 저는 아이가 하고 싶다고 생각하는 것을 시키고 싶습니다. 하지만, 정말로 아이가 생기면, 어떻게 될지, 잘 모르겠습니다.

35 회화문

김민수: 야마다 씨, 올해 설날은 무엇을 할겁니까?
야마다: 올해는 일본에 돌아갈 예정입니다.
김민수: 좋겠네요. 언제 돌아갈 예정입니까?
야마다: 12월 29일에 돌아가서, 1월 4일에 되돌아 올 예정입니다.
김민수: 그렇습니까? 일본에 돌아가서 무엇을 할 생각입니까?
야마다: 설날이니까, 맛있는 것을 먹으면서 푹 쉬려고 생각하고 있어요.
김민수: 무엇을 먹을 생각입니까?
야마다: 역시 그믐날(12월 31일)에는 메밀 국수를 먹고, 설날에는 설날에 먹는 전통음식을 먹을 생각입니다.
김민수: 맛있을 것 같네요. 부럽습니다.

36 회화문

야마다: 저, 다음 학기 들어가기 전에 이사하려고 생각하고 있습니다.
김민수: 어? 왜요? 지금 집은 학교에서 가까워서, 다니기 편하지 않습니까?
야마다: 예, 그렇지만, 조금 너무 번화해서, 밤 늦게까지 시끄러워서요.
김민수: 그렇군요. 밤 늦게까지 시끄럽다면, 살기 불편하겠군요.
야마다: 게다가, 지금 집은 친구들이 놀러 너무 많이 와서, 공부할 시간이 없는데다가……
김민수: 그렇습니까? 그것은 곤란하네요. 어떤 집으로 이사할 생각입니까?
야마다: 지금 집 보다 조용하고, 가능하면, 집세가 싼 집이 좋겠습니다.
김민수: 그러면, 함께 찾아봅시다.
야마다: 감사합니다.

해석

읽어보자 ①

　최근에, 프로 야구가 매우 인기라고 한다.
　야구팬은 남자가 많다고 생각했지만, 최근에는 젊은 여자에게도 인기가 있다고 해서, 나는 조금 놀라면서도 기뻤다.
　고등학생 때, 나는 야구부였다. 우리 고등학교는 야구가 강하고 유명했다.
우리들은 모두 함께 전국대회에 나가고 싶다고 생각해서, 매일매일 늦게까지 연습했다.
　고등학교 3학년 여름, 우리들은 6개의 시합을 이겼다. 그리고 전국대회에 나가기 전의 마지막 시합을 진짜로 열심히 했지만, 지고 말았다. 모두 함께 전국대회에 나갈 수 없었다. 정말로 분했다. 그 날의 일들을 지금도 있을 수가 없다.
　만약, 다시 한번 그때로 돌아간다면, 나는 또 그때의 동료들과 야구를 하고 싶다. 그리고 이번에는 반드시 모두 함께 전국대회에 나가고 싶다고 진심으로 생각한다.

★ 확인하기 정답 ❶ ○ ❷ X ❸ X

읽어보자 ③

　저는 고등학교 3학년 여자아이입니다. 저는 키가 작고 조금 살쪘기 때문에, 지금 반 남자아이들에게 [마치 어린애같다]라고 말을 듣거나 놀림당하거나 합니다. 제 친구들은 키가 크고 스타일이 좋기 때문에 마치 모델 같습니다. 저는 그 친구들 같은 사람이 부럽습니다. 저도 대학에 들어가기 전에 마르고 싶습니다.
(18세 유키)

　고민은 [대학에 들어가기전에 마르는 것]이군요. 저는 건강에 문제가 없으면 조금 살쪘더라도 괜찮다고 생각하지만, 스타일이 좋은 친구들이 부럽다면, 다이어트를 추천합니다.
　하지만, 빨리 살빼기위해서 [물밖에 마시지 않는다, 한가지 음식밖에 먹지 않는다] 등의 방법은 좋지 않습니다. 밥은 제대로 먹으면서, 운동을 하는 방법을 추천합니다.

★ 확인하기 정답 ❶ ○ ❷ X ❸ ○

읽어보자 ②

　다음 주, 같은 반의 유미 씨가 미국에 유학을 간다. 그래서 오늘은 유미 씨를 위해서 반 모두와 함께 송별회를 했다.
　송별회는 5시부터였다. 그 1시간 전에 반 모두와 선물을 사기 위해서 백화점에 갔다.
　우리들은 유미 씨에게 주기 위해서 디지털카메라를 사고 싶다고 생각했다. 전에 유미 씨가 새 디지털카메라를 매우 갖고 싶은 듯이 보고 있었기 때문이다. 조금 비싸서 망설였지만, 모두 함께 돈을 모으면, 괜찮을 것 같아서, 유미 씨가 좋아할 것 같은 핑크색 디지털카메라로 했다. 그리고 나서 그 카메라를 사용해서 모두 함께 메시지 비디오를 찍었다.
　송별회가 시작되고, 우리들은 유미 씨에게 디지털카메라를 주었다. 유미 씨는 디지털카메라를 받고 매우 기쁜 것 같았다. 모두로부터의 메시지비디오를 울 것 같은 얼굴로 보고 있었다. 그것을 보고 나도 정말로 기뻤었다.
　송별회가 끝나고, 유미 씨는 우리들에게 편지를 주었다. 그 편지를 읽으면서 나도 기회가 있으면 유학가고 싶다고 생각했다.
　오늘은 정말 좋은 하루였다.

★ 확인하기 정답 ❶ X ❷ ○ ❸ X

읽어보자 ④

　최근의 아이들은 매일 매일 공부로 지나치게 바빠서 놀 시간이 전혀 없다고 합니다. 요즘 부모들은 자신의 아이에게 어릴때부터 공부시켜서, 좋은 대학, 좋은 회사에 들어가게 하려고 생각하고 있지만, 저는 이해하기 어렵습니다. 어렸을 때는 건강하게 노는 것이 제일이라고 생각합니다.
　저는 아이가 생기면, 자유롭게 놀게 하거나, 여행에 데리고 가거나 할 생각입니다. 아이는 여러 가지 일을 경험하면서 자신이 정말로 좋아하는 것이나, 하고 싶은 것을 알수 있다고 생각하기 때문입니다.

　요즘 부모들은 아이에게 공부를 너무 많이 시킨다고 생각합니다. 초등학생도 매일 늦게까지 학원에 다니면서 공부한다고 하기 때문에 아이들이 불쌍합니다.
　하지만, 저도 아이가 생기면, 역시 필요하기 때문에 공부는 시킬 생각입니다. 특히 외국어는 어렸을 때부터 배우게 할 생각입니다. 아이가 어렸을 때는 외국어도 즐겁게 외울 수 있는 데다가, 외국어 발음도 배우기 쉽다고 하기 때문입니다.
　악기라든가, 운동이라든가, 외국어라든가, 아이가 하고 싶다고 생각하는 것은 무엇이든지 시킬 생각입니다.

★ 확인하기 정답 ❶ ○ ❷ X ❸ ○

25 人が多かったけど、とても楽しかった。

말해보자

01

① A : 昨日の料理、辛かった?
B : うん、辛かった。
ううん、辛くなかった。

A : 昨日の料理は辛かったですか。
B : はい、辛かったです。
いいえ、辛くなかったです。
いいえ、辛くありませんでした。

② A : 先生、厳しかった?
B : うん、厳しかった。
ううん、厳しくなかった。

A : 先生は厳しかったですか。
B : はい、厳しかったです。
いいえ、厳しくなかったです。
いいえ、厳しくありませんでした。

③ A : 子どもの時、かわいかった?
B : うん、かわいかった。
ううん、かわいくなかった。

A : 子どもの時はかわいかったですか。
B : はい、かわいかったです。
いいえ、かわいくなかったです。
いいえ、かわいくありませんでした。

④ A : 去年の夏、暑かった?
B : うん、暑かった。
ううん、暑くなかった。

A : 去年の夏は暑かったですか。
B : はい、暑かったです。
いいえ、暑くなかったです。
いいえ、暑くありませんでした。

⑤ A : 昨日、天気がよかった?
B : うん、よかった。
ううん、よくなかった。

A : 昨日は天気がよかったですか。
B : はい、よかったです。
いいえ、よくなかったです。
いいえ、よくありませんでした。

02

① A : 景色、きれいだった?
B : うん、きれいだった。
ううん、きれいじゃなかった。

A : 景色はきれいでしたか。
B : はい、きれいでした。
いいえ、きれいじゃなかったです。
いいえ、きれいじゃありませんでした。

② A : おとといのテスト、簡単だった?
B : うん、簡単だった。
ううん、簡単じゃなかった。

A : おとといのテストは簡単でしたか。
B : はい、簡単でした。
いいえ、簡単じゃなかったです。
いいえ、簡単じゃありませんでした。

③ A : 昔、運動が嫌いだった?
B : うん、嫌いだった。
ううん、嫌いじゃなかった。

A : 昔は運動が嫌いでしたか。
B : はい、嫌いでした。
いいえ、嫌いじゃなかったです。
いいえ、嫌いじゃありませんでした。

정답 및 스크립트

❹ A : 昨日、雨だった？
B : うん、雨だった。
ううん、雨じゃなかった。

A : 昨日は雨でしたか。
B : はい、雨でした。
いいえ、雨じゃなかったです。
いいえ、雨じゃありませんでした。

❺ A : 土曜日、休みだった？
B : うん、休みだった。
ううん、休みじゃなかった。

A : 土曜日は休みでしたか。
B : はい、休みでした。
いいえ、休みじゃなかったです。
いいえ、休みじゃありませんでした。

03

❶ A : 最近仕事はどうですか。
B : 大変ですけど、おもしろいです。

❷ A : あの人はどうですか。
B : お金持ちですけど、性格は悪いです。

❸ A : ホテルはどうでしたか。
B : 静かでしたけど、狭かったです。

❹ A : テストはどうでしたか。
B : 勉強しましたけど、難しかったです。

❺ A : 旅行はどうでしたか。
B : 楽しかったですけど、疲れました。

들어보자

01
❶ c ❷ a ❸ b ❹ c

アン : 鈴木さん、昨日何をしましたか。
鈴木 : 映画を見ました。
アン : そうですか。どんな映画を見ましたか。
鈴木 : 韓国の映画で、アクション映画でした。
アン : おもしろかったですか。
鈴木 : はい、おもしろかったですけど、
韓国語がまだ下手ですから、ちょっと
大変でした。
アン : そうですか。一人で見に行きましたか。
鈴木 : いいえ、友だちと行きました。
アン : 映画を見た後で、何をしましたか。
鈴木 : ごはんを食べに行きました。
アン : 何を食べましたか。
鈴木 : 暑かったですから、そばを食べました。
アン : どうでしたか。
鈴木 : 店はきれいでしたけど、高くて
おいしくなかったです。

26 中村さんが結婚するそうです。

말해보자

01
① A : このパソコンはどうですか。
　B : 友だちの話によると、便利だそうです。
　　　友だちの話によると、便利じゃない そうです。

② A : 中村さんは彼氏がいますか。
　B : チェさんによると、彼氏がいるそうです。
　　　チェさんによると、彼氏がいないそうです。

③ A : あの二人は恋人ですか。
　B : 田中さんによると、恋人だそうです。
　　　田中さんによると、恋人じゃないそうです。

④ A : この料理はどうですか。
　B : 医者によると、体にいいそうです。
　　　医者によると、体によくないそうです。

02
① A : 昨日あの店は休みでしたか。
　B : 先生によると、休みだったそうです。
　　　先生によると、休みじゃなかったそうです。

② A : 昨日の天気はどうでしたか。
　B : 天気予報によると、よかったそうです。
　　　天気予報によると、よくなかったそうです。

③ A : そのアルバイトはどうでしたか。
　B : 先輩によると、楽だったそうです。
　　　先輩によると、楽じゃなかったそうです。

④ A : 昨日の飲み会に社長も来ましたか。
　B : 鈴木さんによると、来たそうです。
　　　鈴木さんによると、来なかったそうです。

들어보자

01
❶ a　❷ a　❸ b

예
田中 : ゆみさん、日曜日はいつも何をしますか。
ゆみ : うちで本を読んだり、友だちに会って おしゃべりをしたりしますよ。
田中 : 先週もそうでしたか。
ゆみ : いいえ、先週は彼氏と映画を見たり、 ごはんを食べたりしました。

a. ゆみさんによると、先週の日曜日は友だちと おしゃべりをしたそうです。
b. ゆみさんによると、先週の日曜日は彼氏と 映画を見たそうです。

❶
鈴木 : けいこさん、昨日のパーティーは どうでしたか。
けいこ : 料理はあまりおいしくなかったです けど、人が多くて楽しかったですよ。
鈴木 : そうですか。よかったですね。

a. けいこさんによると、パーティーは人が 多かったそうです。
b. けいこさんによると、パーティーの料理は おいしかったそうです。

정답 및 스크립트

❷
鈴木：のりこさん、土曜日一緒に食事しませんか。
のりこ：今週ですか。
　　　　今週はちょっと難しいですね。
鈴木：何か約束がありますか。
のりこ：はい、よしこさんと一緒にデパートへ
　　　　先生のプレゼントを買いに行きます。

a. のりこさんによると、土曜日はよしこさんと
　 デパートに行くそうです。
b. のりこさんによると、土曜日はよしこさんと
　 食事をするそうです。

❸
鈴木：先生、明日会いに行きたいですが、
　　　いつ時間がありますか。
先生：明日か…。明日は1時から3時まで
　　　授業があるけど、その後は大丈夫だよ。
鈴木：わかりました。では明日会いに行きます。

a. 先生によると、明日は1時から3時まで
　 時間があるそうです。
b. 先生によると、明日は3時から暇だそうです。

27 貿易会社だったら、アドバイスができると思います。

말해보자

01

❶ A：日本のドラマはおもしろいですか。
　 B：はい、おもしろいと思います。
　　　いいえ、おもしろくないと思います。

❷ A：キムさんも旅行に行きますか。
　 B：はい、行くと思います。
　　　いいえ、行かないと思います。

❸ A：あの二人は兄弟ですか。
　 B：はい、兄弟だと思います。
　　　いいえ、兄弟じゃないと思います。

❹ A：テストは難しかったですか。
　 B：はい、難しかったと思います。
　　　いいえ、難しくなかったと思います。

❺ A：昔、韓国人はさしみを食べましたか。
　 B：はい、食べたと思います。
　　　いいえ、食べなかったと思います。

02

❶ A：日本人の友だちができたら、
　　　どうしますか。
　 B：日本人の友だちができたら、
　　　ソウルを案内します。

❷ A：授業が難しかったら、どうしますか。
　 B：授業が難しかったら、先生に聞きます。

❸ A：明日雨だったら、どうしますか。
　 B：明日雨だったら、うちでごろごろ
　　　しながら、好きなドラマを見ます。

④ A : 交通が不便だったら、どうしますか。
　 B : 交通が不便だったら、引っ越しは
　　　あきらめます。

⑤ A : 宝くじに当たったら、どうしますか。
　 B : 宝くじに当たったら、車を買います。

들어보자

01

❶ ⑥　❷ ⑦　❸ ③　❹ ⑤

キム : もし宝くじに当たったら、何がしたいですか。
山田 : いろいろなところへ旅行に行きたいです。
　　　キムさんは。
キム : 私は今までほしかったものを全部
　　　買いたいです。
山田 : 何がほしかったですか。
キム : 大きくて丈夫な車、いいパソコン、
　　　時計、それにきれいな服…。
山田 : たくさんありますね。じゃあ、キムさんの
　　　家族だったら、何をすると思いますか。
キム : そうですね。母は今の家より、広い家を
　　　買うと思います。それに兄は会社を
　　　辞めると思います。最近仕事でストレ
　　　スがたまっているそうですから。
山田 : そうですか。弟さんは。
キム : 弟はアメリカに行くと思います。
山田 : 旅行ですか。
キム : いいえ、留学です。アメリカで勉強した
　　　いそうですから。
山田 : そうですか。宝くじに当たったらいいですね。

28 部長が私のために
　　 このチケットをくれました。

말해보자

01

❶ A : あなたは友だちに何をあげましたか。
　 B : (私は友だちに) セーターをあげました。

❷ A : あなたは恋人に何をあげましたか。
　 B : (私は恋人に) 花をあげました。

❸ A : あなたは先生に何をあげましたか。
　 B : (私は先生に) 紅茶をあげました。

❹ A : あなたは田中さんに何をあげましたか。
　 B : (私は田中さんに) ネクタイをあげました。

02

❶ A : 友だちはあなたに何をくれましたか。
　 B : (友だちは私に) 手紙をくれました。

　 A : あなたは友だちに何をもらいましたか。
　 B : (私は友だちに) 手紙をもらいました。

❷ A : 恋人はあなたに何をくれましたか。
　 B : (恋人は私に) 財布をくれました。

　 A : あなたは恋人に何をもらいましたか。
　 B : (私は恋人に) 財布をもらいました。

❸ A : 田中さんはあなたに何をくれましたか。
　 B : (田中さんは私に) 日本のお菓子を
　　　くれました。

　 A : あなたは田中さんに何をもらいましたか。
　 B : (私は田中さんに) 日本のお菓子を
　　　もらいました。

❹ A：先生はあなたに何をくれましたか。
　 B：(先生は私に) 辞書をくれました。

　 A：あなたは先生に何をもらいましたか。
　 B：(私は先生に) 辞書をもらいました。

03
❶ A：健康のために、何をしますか。
　 B：健康のために、体にいい物を食べます。

❷ A：留学のために、何をしますか。
　 B：留学のために、お金を貯めます。

❸ A：デジカメを買うために、何をしますか。
　 B：デジカメを買うために、アルバイトをします。

❹ A：大学に入るために、何をしますか。
　 B：大学に入るために、一生懸命、勉強します。

❺ A：病気を治すために、何をしますか。
　 B：病気を治すために、毎日薬を飲みます。

들어보자

01

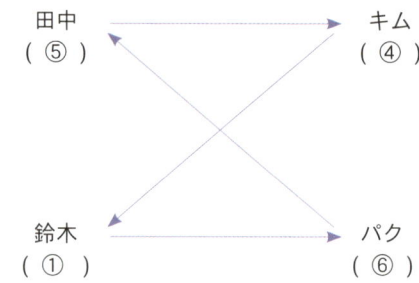

田中：誕生日のプレゼントは何がいいですか。
　　　クラスのみなさんは何をあげたり、
　　　何をもらったりしましたか。
　　　みんなで話しましょう。
田中：私はキムさんの誕生日に日本語の辞書を
　　　あげました。そして、私の誕生日にパク
　　　さんがセーターをくれました。
キム：日本語を勉強するために必要でしたから、
　　　田中さんに辞書をもらって本当に
　　　うれしかったです。
先生：そうですか。
　　　パクさんは何をもらいましたか。
パク：鈴木さんに日本のＣＤをもらいました。
　　　私が好きな歌手のＣＤですから、
　　　うれしかったです。
先生：そうですか。よかったですね。
　　　鈴木さんはどうでしたか。
鈴木：キムさんに韓国ドラマのＤＶＤを
　　　もらいました。前から見たいと思って
　　　いましたから、とてもうれしかったです。
　　　それに韓国語の会話を練習するためにも
　　　いいですから。
先生：みんないろいろなものをあげたり、
　　　もらったりして、よかったですね。

29 ビビンパが食べたければ、今度の旅行は全州にしましょう。

말해보자

01

❶ A：お見合いをしませんか。
　 B：そうですね。時間があれば、します。
　　 そうですね。優しければ、します。

❷ A：週末、山に登りませんか。
　 B：そうですね。友だちが一緒に行けば、登ります。
　　 そうですね。天気がよければ、登ります。

❸ A：映画を見ませんか。
　 B：そうですね。試験が終われば、見ます。
　　 そうですね。ホラー映画じゃなければ、見ます。

❹ A：夏休みに旅行に行きませんか。
　 B：そうですね。来月試験に合格すれば、行きます。
　　 そうですね。忙しくなければ、行きます。

02

❶ A：ダンスを習いませんか。
　 B：そうですね。日本の踊りなら、習います。
　　 そうですね。簡単なら、習います。

❷ A：合コンをしませんか。
　 B：そうですね。相手がお金持ちなら、します。
　　 そうですね。ハンサムなら、します。

❸ A：スキーに行きませんか。
　 B：そうですね。週末なら、行きます。
　　 そうですね。スキー場が安全なら、行きます。

❹ A：ごはんを食べに行きませんか。
　 B：そうですね。おいしい店なら、行きます。
　　 そうですね。景色がきれいなら、行きます。

03

❶ A：約束はいつにしますか。
　 B：今週の日曜日にしましょうか。
　 A：いいですね。食事は何にしましょうか。
　 B：すしにしましょう。

❷ A：会議は何時にしますか。
　 B：１時にしましょうか。
　 A：いいですね。場所はどこにしましょうか。
　 B：本社の会議室にしましょう。

❸ A：レポートのテーマは何にしますか。
　 B：「日本と韓国」にしましょうか。
　 A：いいですね。リーダーは誰にしましょうか。
　 B：田中さんにしましょう。

❹ A：卒業旅行はどこにしますか。
　 B：イギリスにしましょうか。
　 A：いいですね。お土産は何にしましょうか。
　 B：紅茶にしましょう。

정답 및 스크립트

들어보자

01
❶ X ❷ X ❸ ○ ❹ ○

예 この人は友だちのうちに遊びに行きますか。

アン ： 今日、パクさんがうちに遊びに来ます。
　　　　よかったら、チェさんも来てください。
チェ ： 時間があれば行きたいですが、今日は
　　　　ちょっと仕事が多くて…。
アン ： そうですか。わかりました。

❶ この人は明日デパートに行きますか。

田中 ： 明日、一緒にデパートに行きませんか。
　　　　今セール中ですよ。
チェ ： うーん、明日は週末で人が多いです
　　　　から…。平日ならいいですけど。
田中 ： わかりました。じゃあ、また今度にします。

❷ この人はかばんを買いますか。

鈴木 ： このかばん、どうですか。
アン ： もうちょっと大きくて丈夫なら、
　　　　買いますけど…。
鈴木 ： そうですね。これは軽いですけど、
　　　　ちょっと小さいですね。

❸ この人は合コンに行きますか。

アン ： 鈴木さん、合コンをしませんか。
鈴木 ： そうですね。私はまだ韓国語が
　　　　下手だから、相手が日本語ができれば、
　　　　したいですが…。
アン ： 彼は日本に留学したことがあるから、
　　　　上手だと思いますよ。

❹ この人はバスに乗りますか。

山田 ： 鈴木さん、明日は東京駅まで何で
　　　　行きますか。
鈴木 ： うーん、東京駅までタクシーで
　　　　いくらですか。
　　　　1500円より安ければタクシーで
　　　　行きますが、高ければバスにします。
山田 ： ここから東京駅まで、タクシーなら
　　　　2000円ぐらいですよ。

30 このセーターは軽くてよさそうですね。

말해보자

01

① A : 彼は忙しそうですね。
　 B : ええ、それに残業が多くて、大変そうですね。

② A : 田中さんは真面目そうですね。
　 B : ええ、それに頭もよさそうですね。

③ A : この椅子は楽そうですね。
　 B : ええ、それにあまり高くなさそうですね。

④ A : あの人は具合が悪そうですね。
　 B : ええ、それに今にも倒れそうですね。

⑤ A : 外は寒そうですね。
　 B : ええ、それに雨がやみそうに(も)ありませんね。

⑥ A : あの黒いかばんは丈夫じゃなさそうですね。
　 B : ええ、それに小さくてたくさん入りそうに(も)ありませんね。

02

① A : それはどんな車ですか。
　 B : 丈夫そうな車です。

② A : あの二人はどんな夫婦ですか。
　 B : 幸せそうな夫婦です。

③ A : これはどんな映画ですか。
　 B : つまらなそうな映画です。

④ A : 今日はどんな天気ですか。
　 B : 雨が降りそうな天気です。

⑤ A : あれはどんな音楽ですか。
　 B : イさんがよく聞きそうな音楽です。

03

① A : キムさんは何をしていますか。
　 B : 眠そうに仕事をしています。

② A : 彼女は何をしていますか。
　 B : 寂しそうにずっと泣いています。

③ A : 田中さんは何をしていますか。
　 B : 暇そうにテレビを見ています。

④ A : 鈴木さんは何をしていますか。
　 B : 幸せそうに恋人からの手紙を読んでいます。

정답 및 스크립트

들어보자

01
❶ c　❷ b　❸ a　❹ c

예
アン：田中さんの恋人はどんな人ですか。
鈴木：ハンサムで、優しそうな人です。
　　　それに頭もよさそうに見えましたよ。
アン：そうですか。うらやましいですね。

❶
田中：外は寒そうですね。
チェ：そうですね。今にも雨が降りそうですね。
田中：ええ、あ、よく見てくださいよ。
　　　もう雨が降っていますよ。

❷
鈴木：キムさん、残業ですか。
キム：はい、明日の会議の準備をしています。
鈴木：大変そうですね。何か手伝いましょうか。
キム：もうすぐ終わりそうですから、
　　　大丈夫です。ありがとうございます。

❸
田中：あの二人、とても幸せそうですね。
キム：ええ、さっきから楽しそうに話して
　　　いましたよ。
田中：あの二人は友だちですか。
キム：いいえ、二人は付き合っているそうですよ。

❹
アン：これ、どうですか。ポケットが多くて、
　　　便利そうですけど…。
鈴木：便利そうなかばんですけど、ちょっと
　　　重いですね。
アン：あれはどうですか。ポケットは
　　　多いですけど、軽そうに見えますよ。
鈴木：それにします。

31　3時間しか寝る時間がありませんでした。

말해보자

01
❶ A：週末、友だちと行く店はどこですか。
　 B：週末、友だちと行く店は日本の
　　　ラーメン屋です。

❷ A：最近よく着る服は何ですか。
　 B：最近よく着る服はワンピースです。

❸ A：今、住んでいるところはどこですか。
　 B：今、住んでいるところは東京です。

❹ A：今、流行っている色は何ですか。
　 B：今、流行っている色は白です。

❺ A：授業を休まない人は誰ですか。
　 B：授業を休まない人は真面目な
　　　チェさんです。

02
❶ A：先週、一緒にお酒を飲んだ人は誰ですか。
　 B：先週、一緒にお酒を飲んだ人は
　　　大学の先輩です。

❷ A：昨日、友だちに借りたものは何ですか。
　 B：昨日、友だちに借りたものは傘です。

❸ A：子どもの時、よく遊んだところは
　　　どこですか。
　 B：子どもの時、よく遊んだところは
　　　公園です。

❹ A：土曜日の飲み会に来なかった人は
　　　誰ですか。
　 B：土曜日の飲み会に来なかった人は
　　　山田さんです。

03

① A：英語ができますか。
　　B：いいえ、日本語しかできません。

② A：銀行に人がたくさんいますか。
　　B：いいえ、4人しかいません。

③ A：漢字を書くことができますか。
　　B：いいえ、ひらがなしか書くことが
　　　　できません。

④ A：毎日運動をしますか。
　　B：いいえ、週に1回しかしません。

들어보자

01

① a　**②** c　**③** b

예 この人がほしいと思っているパソコンは
　　どれですか。

田中：アンさんが今使っているパソコン、
　　　よさそうですね。
アン：でも、2年前に買ったものですから、
　　　古くて遅いですよ。
田中：そうですか。でも、便利そうに
　　　見えますけど…。
アン：便利ですけど、もうちょっと軽くて
　　　速いパソコンがほしいです。

① 明日会うお客さんとは何語で話しますか。

パク：明日会うお客さんは日本人ですから、
　　　楽ですよね。
中村：それが、違います。日本人ですけど、
　　　英語しか話すことができないそうです。
パク：え？　どうしてですか。
中村：アメリカで生まれて、ずっとアメリカに
　　　住んでいたから…。
　　　それで、明日は英語しか使うことが
　　　できませんから、心配です。

② なくした財布の中には何がありましたか。

アン：チェさん、何かありましたか。
　　　元気がありませんね。
チェ：先週買った財布をなくしてしまいました。
アン：それは大変ですね。
　　　財布の中に何がありましたか。
チェ：お金は1万ウォンしかありませんでしたが、
　　　カードがありました。
アン：そうですか。早く銀行に電話してください。

③ どの人がチェさんですか。

田中：これはチェさんの写真ですか。
チェ：ええ、高校の時、友だちとピクニックに
　　　行った時撮った写真です。
田中：踊ったり、歌ったり、音楽を聞いたり
　　　して、みんな楽しそうですね。
　　　どの人がチェさんですか。
チェ：踊っている人の隣です。
田中：へえ、今とは全然違いますね。

32 あそこで撮影があるようです。

말해보자

01

❶ A：あの二人はまた一緒にいますね。
B：そうですね。付き合っているようですね。
そうですね。仲がいいようですね。

❷ A：彼女は部屋を片付けていますね。
B：そうですね。お客さんが来るようですね。
そうですね。暇なようですね。

❸ A：部屋の電気が消えていますね。
B：そうですね。誰もいないようですね。
そうですね。留守のようですね。

❹ A：田中さんは甘いものを食べませんでしたね。
B：そうですね。
ダイエット中だったようですね。
そうですね。
甘いものが好きじゃないようですね。

❺ A：彼は今日もうちにいますね。
B：そうですね。会社を辞めたようですね。
そうですね。約束がなかったようですね。

02

❶ A：あの子どもはかわいいですね。
B：そうですね。まるで人形のようですね。

❷ A：彼はかっこいいですね。
B：そうですね。まるで芸能人のようですね。

❸ A：ジョンさんは日本語がぺらぺらですね。
B：そうですね。まるで日本人のようですね。

❹ A：鈴木さんは背が高くてスタイルがいいですね。
B：そうですね。まるでモデルのようですね。

03

❶ A：どんな物が飲みたいですか。
B：生ビールのような冷たいものが飲みたいです。

❷ A：どんな人と結婚したいですか。
B：母のような優しい人と結婚したいです。

❸ A：どんな所に住みたいですか。
B：京都のような古くてきれいな町に住みたいです。

❹ A：どんなペットが飼いたいですか。
B：マルチーズのような小さくてかわいい犬が飼いたいです。

들어보자

01

① X ② X ③ X ④ O

예 アンさんは歌が上手ですか。

吉田：アンさんはよくカラオケに行きますね。
ホン：ええ、アンさんはカラオケがとても
　　　好きなようです。今日もイさんたちと
　　　一緒に行くそうですよ。
吉田：歌が上手ですか。
ホン：ええ、まるで歌手のようですよ。

① この部屋は留守ですか。

パク：部屋が暗いですね。
イ　：そうですね。誰もいないようですね。
パク：あれ、中から音が聞こえませんか。
イ　：ああ、電気を消して映画を見ている
　　　ようですね。

② 山田さんは上手に料理を作ることができますか。

山田：佐藤さんが作った料理はとても
　　　おいしいですね。
チェ：そうですね。まるで、レストランの
　　　料理のようですよ。
山田：いいですね。
　　　私は料理が下手ですから、佐藤さんの
　　　ような人がうらやましいです。
チェ：それなら、山田さんも少しは料理を
　　　練習してくださいね。
山田：はい、これから少しずつ頑張ります。

③ この二人はこれから服屋に行きますか。

田中：あれ、ケータイがない。
チェ：かばんの中にもありませんか。
田中：ええ、さっき服を買った店に
　　　置いてきたようです。
チェ：でも、服を買った後にも、田中さん
　　　ケータイを触っていましたよ。
田中：そうですか。じゃあ、その後に行った
　　　トイレで忘れたみたいですね。
チェ：それはいけませんね。早く戻りましょう。

④ 中村さんは最近忙しいですか。

高橋：中村さん、元気がありませんね。
　　　大丈夫ですか。
中村：実は最近仕事が多くて、寝る時間も
　　　あまりありませんでしたから…。
高橋：このチョコレート、よかったらどうぞ。
　　　疲れたときはチョコレートのような
　　　甘いものを食べながら、仕事して
　　　くださいね。
中村：ありがとうございます。
高橋：中村さんが最近とても疲れている
　　　ようですから、みんな心配して
　　　いましたよ。
中村：今日は仕事が終わったらゆっくり
　　　休みます。

33 今日、先生にほめられました。

말해보자

01

① A：どうしたんですか。
　 B：どろぼうに入られました。
　 A：それは大変でしたね。

② A：どうしたんですか。
　 B：恋人に振られました。
　 A：それは残念でしたね。

③ A：どうしたんですか。
　 B：先生にほめられました。
　 A：それはよかったですね。

④ A：どうしたんですか。
　 B：彼氏にプロポーズされました。
　 A：それはよかったですね。

02

① A：どうしたんですか。
　 B：すりに財布を掏られました。
　 A：それは大変でしたね。

② A：どうしたんですか。
　 B：外国人に英語で道を聞かれました。
　 A：それは大変でしたね。

③ A：どうしたんですか。
　 B：犬にあしを噛まれました。
　 A：それは大変でしたね。

④ A：どうしたんですか。
　 B：弟に先週買ったデジカメを壊されました。
　 A：それは大変でしたね。

⑤ A：どうしたんですか。
　 B：母に大事な書類を捨てられました。
　 A：それは大変でしたね。

들어보자

01

① a　② a　③ b　④ a

예　山田さんは彼女に振られました。
① お父さんはお母さんに怒られました。
② マイケルさんはキムさんに招待されました。
③ 私は娘に朝早く起こされました。
④ 私は弟にケーキを食べられました。

34 私は子どもを自由に遊ばせます。

말해보자

01

① A : もしあなたが親だったら、子どもに何をさせますか。
B : 外国語を習わせます。

② A : もしあなたが親だったら、子どもに何をさせますか。
B : 日本に留学させます。

③ A : もしあなたが親だったら、子どもに何をさせますか。
B : 体にいい物を食べさせます。

④ A : もしあなたが親だったら、子どもに何をさせますか。
B : 自由に遊ばせます。

⑤ A : もしあなたが親だったら、子どもに何をさせますか。
B : 自分の部屋を片付けさせます。

02

① A : 子どもが太っています。どうしますか。
B : 子どもに運動をさせます。

② A : 仕事が忙しいです。どうしますか。
B : 後輩に仕事を手伝わせます。

③ A : お腹が空きました。どうしますか。
B : 妹に料理を作らせます。

④ A : 部長が出張から帰ります。どうしますか。
B : 部下に迎えに来させます。

03

① A : このカメラをどう思いますか。
B : 軽いし、使い方も簡単だし、値段も安いと思います。

② A : 山田さんをどう思いますか。
B : 美人だし、英語もできるし、とてもいいと思います。

③ A : その車をどう思いますか。
B : 有名な会社のものだし、とても人気があるし、丈夫だと思います。

④ A : あのレストランをどう思いますか。
B : おいしくないし、高いし、店員も親切じゃないと思います。

들어보자

01

		パク	鈴木
先生	単語	O	O
	漢字	X	O
親	英語	O	X
	運動	O	O
上司	残業	X	X
	出張	O	X

鈴木 : もしパクさんが日本語の先生だったら、学生に何をさせますか。
パク : 私が先生だったら、単語をたくさん覚えさせます。

정답 및 스크립트

鈴木 : 私もです。単語はやっぱり必要ですからね。それから、私は毎日漢字の宿題をさせます。

パク : 毎日ですか。それはちょっと…。漢字は難しいし、大変ですから、私はあまり書かせたくないですね。

鈴木 : そうですか。じゃあ、もしパクさんに子どもができたら、子どもに何をさせたいですか。

パク : そうですね。やっぱり英語を習わせたいですね。

鈴木 : 英語ですか。子どもが小さいときは、英語はあまり要らないと思います。私はそれより、健康のために運動をさせたいです。

パク : それもいいですね。私も運動はさせたいと思います。最近の子どもは習い事が多くて、遊ぶ時間があまりないですからね。

鈴木 : じゃあ、もしパクさんが上司だったら、部下に何をさせますか。

パク : そうですね。私の部長はよく私たちに残業をさせますが、私はさせません。部下がかわいそうですから。鈴木さんは。

鈴木 : 私も6時までは一生懸命働かせますが、残業はさせたくありませんね。

パク : そうですか。でも、私が上司だったら、出張には行かせたいです。私、最近海外出張が多くて、本当に大変で…。もう出張には行きたくありません。

鈴木 : へえ、私は出張に行ったことがないから、自分で行きたいです。

パク : 出張は大変ですよ。

35 日本に帰ってゆっくり休もうと思っています。

말해보자

01

① A : レポートは、もう書きましたか。
　B : いいえ、まだです。
　　　夜、書こうと思います。

② A : メールは、もう送りましたか。
　B : いいえ、まだです。
　　　休み時間に送ろうと思います。

③ A : 単語は、もう覚えましたか。
　B : いいえ、まだです。
　　　あとで覚えようと思います。

④ A : 旅行のホテルは、もう予約しましたか。
　B : いいえ、まだです。
　　　週末、予約しようと思います。

⑤ A : 宿題は、もう出しましたか。
　B : いいえ、まだです。
　　　授業が終わったあとで出そうと思います。

02

① A : 今夜は何をしますか。
　B : 好きなテレビ番組を見るつもりです。

② A : 会社を辞めて、何をしますか。
　B : 父の仕事を手伝うつもりです。

③ A : 授業が終わったあとで、何をしますか。
　B : みんなでごはんを食べるつもりです。

④ A : 大学を卒業したら、何をしますか。
　B : 大学院に進むつもりです。

03

① A : 何時に出発しますか。
　 B : 朝8時に出発する予定です。

② A : 何時に海に着きますか。
　 B : 10時に着く予定です。

③ A : 昼ごはんは何を食べますか。
　 B : さしみを食べる予定です。

④ A : 船に乗って何をしますか。
　 B : つりをする予定です。

들어보자

01

❶ ⑤/⑩　❷ ④/⑪　❸ ①/⑦　❹ ③/⑨

鈴木 ： もうすぐ冬休みですね。
山田 ： そうですね。鈴木さんは冬休みに何を
　　　 するつもりですか。
鈴木 ： 私は日本から友だちが遊びに来る予定
　　　 ですから、ソウルを案内したり、一緒に
　　　 買い物をしたりするつもりです。山田さんは。
山田 ： 私は試験が終わったばかりですから、
　　　 遊びに行きたいです。
　　　 それで、スノーボードに行くつもりです。
パク ： うらやましいですね。

山田 ： でも、それだけじゃありません。
　　　 一緒に行く韓国人の友だちと温泉に
　　　 入ろうと思っています。キムさんは何を
　　　 するつもりですか。
キム ： 私はこの冬休みに北海道へ旅行に行く
　　　 予定です。北海道で雪まつりを見たり、
　　　 おいしいカニ料理を食べたりしようと
　　　 思っています。佐藤さんは何か予定が
　　　 ありますか。
佐藤 ： 韓国で大学院に進学するつもりですから、
　　　 先生に相談しながら、学校を調べようと
　　　 思います。それから、試験の勉強も
　　　 始めるつもりです。
キム ： そうですか。佐藤さんはこれからも
　　　 韓国に住みますね。
佐藤 ： 合格したら、そうですけど…。
　　　 パクさんは何をするつもりですか。
パク ： 私は本当にスキーに行きたいですが、
　　　 お金もないし、外は寒いですから、
　　　 うちでドラマを見たり、ごろごろしながら、
　　　 ゆっくり休もうと思っています。
鈴木 ： それもいいですね。冬休みが楽しみですね。

36 ここは賑やかすぎて、住みにくいです。

말해보자

01

① A : 田中さんのパソコンは使いやすいですか。
　 B : はい、新しくて、使いやすいです。
　　　いいえ、古くて、使いにくいです。

② A : このテレビは見やすいですか。
　 B : はい、大きくて、見やすいです。
　　　いいえ、小さくて、見にくいです。

③ A : 山田さんのレポートは読みやすいですか。
　 B : はい、きれいで、読みやすいです。
　　　いいえ、汚くて、読みにくいです。

④ A : 先生の話はわかりやすいですか。
　 B : はい、説明が簡単で、わかりやすいです。
　　　いいえ、説明が難しくて、わかりにくいです。

⑤ A : この町は住みやすいですか。
　 B : はい、交通が便利で、住みやすいです。
　　　いいえ、交通が不便で、住みにくいです。

02

① A : どうしたんですか。
　 B : ごはんを食べすぎて、お腹が痛いです。

② A : どうしたんですか。
　 B : 働きすぎて、とても疲れています。

③ A : どうしたんですか。
　 B : この部屋は狭すぎて、生活しにくいです。

④ A : どうしたんですか。
　 B : 彼は真面目すぎて、話しにくいです。

들어보자

01

❶ ○ ❷ X ❸ X ❹ ○

🔵 キムさんはこれを買いますか。

中村 : キムさん、このパソコンいいですね。
キム : あ、これ新しいモデルのパソコンですね。
　　　私の友だちが持っていますが、とても
　　　軽いし、速いし、使いやすそうです。
中村 : いいですね。とても便利そうです。
キム : そうですね。私もすごくいいと
　　　思いますよ。でも、残念ですが私には
　　　少し高すぎますね。

❶ 田中さんはこの靴を買いますか。

アン : 田中さん、この靴はどうですか。
田中 : すてきですね。
アン : ええ、軽くて、とてもはきやすそうですよ。
田中 : 本当ですね。とても軽いです。
　　　でも、ヒールが高すぎて、少し
　　　歩きにくそうですね。
アン : そうですか。でもこのぐらいのヒールが
　　　一番あしがきれいに見えるし、いいと
　　　思いますよ。
田中 : そうですね。じゃあ、これにします。

❷ チェさんはこの町に引っ越しますか。

高橋 : チェさん、この町はどうですか。
チェ : 少しにぎやかで住みにくくありませんか。
　　　私は静かな町が好きですから…。
高橋 : でも、ここは学校から近いから、
　　　学校には通いやすいと思いますよ。
　　　それにいろいろな店も多いから、買い物
　　　や食事もしやすくて、いいと思いますけど。

チェ : そうですね。でも、学校から近すぎて
やっぱりうるさいと思いますから…。
高橋 : それもそうですね。

❸ この二人は図書館に行きますか。

田中 : 今日図書館に行って、一緒に
勉強しませんか。
アン : 図書館ですか。
田中 : ええ、図書館は静かで集中しやすいから、
いいと思います。
アン : 私は静かすぎて、むしろ勉強しにくいです。
田中 : アンさんは、図書館では勉強しにくい
ですか。
アン : ええ、私は声を出して読みながら、単語を
覚えたりするから、図書館のように
静かな場所は勉強しにくいです。

❹ 鈴木さんは彼ともう一度会いますか。

パク : 鈴木さん、先週の合コンで会った彼、
どうでしたか。
鈴木 : 優しかったし、とても話しやすかった
ですよ。
パク : いいですね。じゃあ、付き合うつもり
ですか。
鈴木 : うーん…。それはまだわかりませんね。
本当にいい人でしたけど、ちょっと
真面目すぎて…。
私はおもしろい人の方が好きですから。
パク : 鈴木さん、おもしろい人より、真面目な
人の方がいいと思いますよ。
もう一度会ってくださいよ。
鈴木 : ええ、そうするつもりです。

일본어가 쑥쑥 자라는

NEW
스쿠스쿠
すくすく
日本語 3

하영애·우노 히토미 공저

PAGODA Books

25 人が多かったけど、とても楽しかった。

글자연습

01 다음 한자를 히라가나로 써 보세요.

① 優しい　　② 仲間　　③ 厳しい

④ 去年　　⑤ 景色　　⑥ 昔

02 다음 히라가나를 한자로 써 보세요.

① ざんねん　　　だ
② しょうかい　　する
③ つかれる

④ せいかく
⑤ せまい
⑥ さいきん

⑦ こんど
⑧ じつは
⑨ ねぼうする

03 다음 히라가나를 카타카나로 써 보세요.

① てーまぱーく　　② しょー　　③ たいぷ

문장 연습

01 다음 문장을 한국어로 해석해 보세요.

① 富士山は高くて大変でしたけど、景色はとてもよかったです。

② 去年の夏は暑くありませんでした。

③ 昔は運動が好きだったけど、あまり上手じゃありませんでした。

02 다음 문장을 일본어로 만들어 보세요.

① 여행은 피곤했습니다만, 매우 즐거웠습니다.

② 호텔은 조용했지만, 좁았다.

③ 지난주 토요일은 한가하지 않았습니다.

듣기 연습 Track 01

01 다음 단어를 듣고 받아 써 보세요.

① ② ③
④ ⑤ ⑥

02 다음을 문장을 듣고 받아 써 보세요.

①
②
③

25 人が多かったけど、とても楽しかった

26 中村さんが結婚(けっこん)するそうです。

글자연습

01 다음 한자를 히라가나로 써 보세요.

① 国 際 結 婚　　② 趣 味　　③ 地 震

④ 天 気 予 報　　⑤ 二 人　　⑥ 体

02 다음 히라가나를 한자로 써 보세요.

① ぜんぜん　　　② あいて　　　③ す　む

④ しあわせだ　　⑤ らくだ　　　⑥ せんぱい

⑦ こいびと　　　⑧ しる　　　　⑨ おなじ

03 다음 히라가나를 카타카나로 써 보세요.

① ぱそこん　　　② あるばいと　　　③ にゅーす

문장연습

01 다음 문장을 한국어로 해석해 보세요.

① 山田さんによると、田中さんは最近結婚して幸せだそうです。

② うわさによると、中村さんは彼氏がいるそうです。

③ 医者によると、この料理は体によくないそうです。

02 다음 문장을 일본어로 만들어 보세요.

① 다나카 씨에 의하면, 저 두 사람은 애인이라고 합니다.

② 스즈끼 씨에 의하면, 어제 회식에 사장님은 오지 않았다고 합니다.

③ 친구의 말에 의하면, 그 아르바이트는 편했다고 합니다.

듣기연습 Track 02

01 다음 단어를 듣고 받아 써 보세요.

①   ②   ③

④   ⑤   ⑥

02 다음을 문장을 듣고 받아 써 보세요.

①

②

③

 貿易会社だったら、アドバイスができると思います。

글자연습

01 다음 한자를 히라가나로 써 보세요.

① 貿　易　会　社　　② 機　会　　③ 着　く

④ 準　備　　　　　　⑤ 試　合　　⑥ 頑　張　る

02 다음 히라가나를 한자로 써 보세요.

① そつ ぎょう　　　② はたら　　　③ こう つう
　　　　　する　　　　　　　　く

④ みじか　　　　　⑤ む　り　　　⑥ いた
　　　　い　　　　　　　　　　　　　　　い

⑦ あん ない　　　　⑧ たから　　　⑨ あた
　　　　　する　　　　　　　くじ　　　　　　る

03 다음 히라가나를 카타카나로 써 보세요.

① あどばいす　　　　② どらいぶ　　　　③ どらま

문장연습

01 다음 문장을 한국어로 해석해 보세요.

① 日本人の友だちができたら、ソウルを案内します。

② 食事をしに店に行ったら、休みでした。

③ 彼はこのごろ忙しいから、週末も暇じゃなかったと思います。

02 다음 문장을 일본어로 만들어 보세요.

① 역에 도착하면 전화해 주세요.

② 교통이 불편하다면, 이사는 단념하겠습니다.

③ 나가무라씨는 약을 먹고 있기 때문에 감기라고 생각합니다.

듣기 연습 Track 03

01 다음 단어를 듣고 받아 써 보세요.

① ② ③
④ ⑤ ⑥

02 다음을 문장을 듣고 받아 써 보세요.

①
②
③

28 部長が私のためにこのチケットをくれました。

글자연습

01 다음 한자를 히라가나로 써 보세요.

① 嬉しい　　② お菓子　　③ 健康

④ 論文　　⑤ 誕生日　　⑥ その日

02 다음 히라가나를 한자로 써 보세요.

① た　　める
② なお　　す
③ なら　　う
④ あつ　　める
⑤ はな
⑥ ぶちょう

03 다음 히라가나를 카타카나로 써 보세요.

① ねくたい　　② せーたー　　③ ちけっと

④ みゅーじかる　　⑤ ぷれぜんと　　⑥ でじかめ

📄 문장연습

01 다음 문장을 한국어로 해석해 보세요.

① 論文を書くために資料を集めています。 _____

② 嬉しいですが、本当に私がもらってもいいですか。
_____

③ 実はこのチケット、部長がくれましたが、私はその日仕事があります。
_____

02 다음 문장을 일본어로 만들어 보세요.

① 건강을 위해서 몸에 좋은 것을 먹습니다. _____

② 선생님은 나에게 사전을 주었습니다. _____

③ 나는 애인에게 지갑을 주었습니다. _____

🎧 듣기연습 Track 04

01 다음 단어를 듣고 받아 써 보세요.

① _____ ② _____ ③ _____

④ _____ ⑤ _____ ⑥ _____

02 다음을 문장을 듣고 받아 써 보세요.

① _____

② _____

③ _____

ビビンパが食べたければ、今度の旅行は全州にしましょう。
こんど　りょこう　チョンジュ

글자연습

01 다음 한자를 히라가나로 써 보세요.

① 来　月　　　② お　土　産　　　③ 踊　り

④ 食　事　　　⑤ 風　邪　　　⑥ 今　度

02 다음 히라가나를 한자로 써 보세요.

① のぼ　る　　　② お　わる　　　③ あんぜん　だ

④ し　けん　　　⑤ かい　ぎ　しつ　　　⑥ えき　まえ

03 다음 히라가나를 카타카나로 써 보세요.

① でざーと　　　② せーる　　　③ だんす

④ れぽーと　　　⑤ ぱーてぃー　　　⑥ いぎりす

문장 연습

01 다음 문장을 한국어로 해석해 보세요.

① 車があれば便利ですが、なければバスで行くこともできます。

② お見合いの場所はあのレストランにしましょう。

③ おいしい店ならごはんを食べに行きたいですが、料理がおいしくなければ行きたくありません。

02 다음 문장을 일본어로 만들어 보세요.

① 이번 회식은 어디로 할까요?

② 내일, 몇 시에 오면, 선생님을 만날 수 있습니까?

③ 스키장이 안전하다면, 스키타러 가고 싶습니다.

듣기 연습 Track 05

01 다음 단어를 듣고 받아 써 보세요.

① ② ③
④ ⑤ ⑥

02 다음을 문장을 듣고 받아 써 보세요.

①
②
③

30 このセーターは軽くてよさそうですね。

글자연습

01 다음 한자를 히라가나로 써 보세요.

① 暖 かい　　② 遅 れる　　③ 寂 しい

④ 荷 物　　⑤ 具 合 が 悪 い　　⑥ 音 楽

02 다음 히라가나를 한자로 써 보세요.

① かる　　　　② いろ　　　　③ ねむ
　　　い　　　　　　　　　　　　　　い

④ な　　　　　⑤ ざん ぎょう　　⑥ きび
　　　く　　　　　　　　　　　　　　しい

⑦ たお　　　　⑧ くろ　　　　　⑨ あたま
　　　れる　　　　　　い

03 다음 히라가나를 카타카나로 써 보세요.

① ぱん　　　　② けーき　　　　③ てれび

문장연습

01 다음 문장을 한국어로 해석해 보세요.

① パーティーの時間に遅れそうですから、急いで買いに行きましょう。

② 鈴木さんは幸せそうに恋人からの手紙を読んでいます。

③ 風が強くて、雨が降りそうな天気です。

02 다음 문장을 일본어로 만들어 보세요.

① 그녀는 시시한 것 같이 영화를 보고 있습니다.

② 다나카 씨는 성실하고 머리가 좋을 것 같습니다.

③ 짐이 많아서 전부 들어갈 것 같지 않습니다.

듣기연습 Track 06

01 다음 단어를 듣고 받아 써 보세요.

① 　　　　　　② 　　　　　　③
④ 　　　　　　⑤ 　　　　　　⑥

02 다음을 문장을 듣고 받아 써 보세요.

①
②
③

31 3時間(じかん)しか寝る時間が ありませんでした。

글자연습

01 다음 한자를 히라가나로 써 보세요.

① 国　　② 二 日　　③ 流 行 る

④ 出 す　　⑤ 4　人　　⑥ 大　会

02 다음 히라가나를 한자로 써 보세요.

① あつ　　　　② れん しゅう　　　③ ない よう
　　まる　　　　　　　　する

④ ぶん か　　　⑤ ひ　　　　　　　⑥ か
　　　　　　　　　　く　　　　　　　　　りる

⑦ しょうせつ　　⑧ ちが　　　　　　⑨ さん か
　　　　　　　　　　い　　　　　　　　　する

03 다음 히라가나를 카타카나로 써 보세요.

① すぴーち　　② ぴあの　　③ わんぴーす

문장연습

01 다음 문장을 한국어로 해석해 보세요.

① 韓国と日本の文化の違いを紹介する内容のスピーチをします。

② 日本にいた時、よく食べに行った店はラーメン屋です。

③ 昨日、３時間しか寝ることができませんでしたから、今日は眠いです。

02 다음 문장을 일본어로 만들어 보세요.

① 여러 나라에서 온 유학생이 모여서, 한국어로 스피치를 하는 대회입니다.

② 나는 주 1회밖에 운동을 하지 않습니다.

③ 대학 선배가 살고 있는 곳은 동경입니다.

듣기연습 Track 07

01 다음 단어를 듣고 받아 써 보세요.

① ② ③
④ ⑤ ⑥

02 다음을 문장을 듣고 받아 써 보세요.

①
②
③

32 あそこで撮影（さつえい）があるようです。

글자연습

01 다음 한자를 히라가나로 써 보세요.

① 撮 影　　② 芸 能 人　　③ 蒸 し 暑 い

④ 留 守　　⑤ 人 形　　⑥ 飼 う

02 다음 히라가나를 한자로 써 보세요.

① へ や　　② から もの い　　③ つ あ き う

④ き　　える　　⑤ や (仕事を) める　　⑥ かた づ ける

03 다음 히라가나를 카타카나로 써 보세요.

① もでる　　② ふぁん　　③ さうな

④ だいえっと　　⑤ ちょこれーと　　⑥ ぺっと

문장연습

01 다음 문장을 한국어로 해석해 보세요.

① 私は彼のようなすてきな恋人がほしいです。

② 部屋の電気が消えていますから、留守のようです。

③ 彼はかっこよくて、まるで芸能人のようです。

02 다음 문장을 일본어로 만들어 보세요.

① 저 두 사람은 항상 함께 있기 때문에, 사귀고 있는 것 같습니다.

② 다나까 씨의 개처럼 작고 귀여운 개를 기르고 싶습니다.

③ 그녀는 키가 크고 스타일이 좋기 때문에, 마치 모델 같습니다.

듣기 연습 Track 08

01 다음 단어를 듣고 받아 써 보세요.

①   ②   ③

④   ⑤   ⑥

02 다음을 문장을 듣고 받아 써 보세요.

①

②

③

33 今日、先生にほめられました。

글자연습

01 다음 한자를 히라가나로 써 보세요.

① 刺 す　　　② 掘 る　　　③ 噛 む

④ 振 る　　　⑤ 壊 す　　　⑥ 叱 る

02 다음 히라가나를 한자로 써 보세요.

① さそ　　う　　② お　　す　　③ ぬす　　む

④ さわ　　る　　⑤ しょうたい　　する　　⑥ たの　　む

⑦ おこ　　る　　⑧ す　　てる　　⑨ だい じ　　だ

03 다음 히라가나를 카타카나로 써 보세요.

① でーと　　② らぶれたー　　③ ぷろぽーず

문장연습

01 다음 문장을 한국어로 해석해 보세요.

① この前受けた韓国語の試験で100点を取って、先生にほめられました。
_____

② どろぼうに財布を盗まれて、大変でした。_____

③ 前から好きだった先輩にデートに誘われました。
_____

02 다음 문장을 일본어로 만들어 보세요.

① 나는 외국인에게 영어로 길을 질문 받았습니다(물음을 당했습니다).
_____

② 토요일, 부장님에게 호출당해서(불리워져서), 회사에 갔습니다.
_____

③ 나는 엄마에게 중요한 서류를 버림당했습니다.

듣기 연습 Track 09

01 다음 단어를 듣고 받아 써 보세요.

① _____ ② _____ ③ _____
④ _____ ⑤ _____ ⑥ _____

02 다음을 문장을 듣고 받아 써 보세요.

① _____
② _____
③ _____

34 私は子どもを自由に遊ばせます。

글자연습

01 다음 한자를 히라가나로 써 보세요.

① 親　　　　② 大人　　　　③ 就職

④ 野菜　　　⑤ 娘　　　　　⑥ 後輩

⑦ 美人　　　⑧ 使い方　　　⑨ 値段

02 다음 히라가나를 한자로 써 보세요.

① ひつよう　　　② わら　　　③ け
　　　　だ　　　　　　う　　　　　す

④ えら　　　　　⑤ わか　　　⑥ なか　す
　　　ぶ　　　　　　　れる　　　お　が　く

⑦ ぶか　　　　　⑧ あんしん　⑨ むか
　　　　　　　　　　　　する　　　　える

문장연습

01 다음 문장을 한국어로 해석해 보세요.

① 私は子どもができたら、もっと自由に遊ばせたいです。

② 最近子どもを塾に通わせる親が多いそうです。

③ このカメラは軽いし、使い方も簡単だし、値段も安いです。

02 다음 문장을 일본어로 만들어 보세요.

① 과장님이 출장에서 돌아오기 때문에, 부하에게 마중하러 오게합니다.

② 재미있는 이야기를 해서, 여동생을 웃게 했습니다.

③ 오늘은 비인데다가, 열도 있는데다가, 기침도 나오기때문에, 외출하고 싶지 않습니다.

듣기연습 Track 10

01 다음 단어를 듣고 받아 써 보세요.

①　　　　　　　② 　　　　　　　③
④　　　　　　　⑤　　　　　　　⑥

02 다음을 문장을 듣고 받아 써 보세요.

①

②

③

35 日本に帰ってゆっくり休もうと思っています。

글자연습

01 다음 한자를 히라가나로 써 보세요.

① 今年　　　　② 今　夜　　　　③ 飛 行 機

④ 大　学　院　　⑤ 予　約　する　　⑥ 船

02 다음 히라가나를 한자로 써 보세요.

① もど　　　　　② よ　てい　　　　③ わす
　　　る　　　　　　　　　　　　　　　　れる

④ おし　　　　　⑤ う　　　　　　　⑥ すす
　　　える　　　　　　まれる　　　　　　む

⑦ お　　　　　　⑧ しゅっ ぱつ　　　⑨ ばん ぐみ
　　　りる　　　　　　　　　する

03 다음 히라가나를 카타카나로 써 보세요.

① めーる　　　② そうる　　　③ すけじゅーる

문장연습

01 다음 문장을 한국어로 해석해 보세요.

① 来週の土曜日、会社の近くに引っ越す予定です。

② 今年のお正月は何をするつもりですか。

③ 今週末は船に乗ってつりに行こうと思います。

02 다음 문장을 일본어로 만들어 보세요.

① 메일은 쉬는 시간에 보내려고 생각합니다.

② 회사를 그만두고, 아버지의 일을 도울 생각입니다.

③ 배는 7시에 바다에 도착합니다.

듣기연습 Track 11

01 다음 단어를 듣고 받아 써 보세요.

① ② ③
④ ⑤ ⑥

02 다음을 문장을 듣고 받아 써 보세요.

①
②
③

36 ここは賑(にぎ)やかすぎて、住(す)みにくいです。

글자연습

01 다음 한자를 히라가나로 써 보세요.

① 汚 い　　　② 字　　　③ 町

④ 道　　　⑤ 次　　　⑥ 生 活 する

⑦ 家 賃　　　⑧ 賑 やかだ　　　⑨ 広 い

02 다음 히라가나를 한자로 써 보세요.

① かよ　　　② こま　　　③ さが
　　う　　　　　る　　　　　す

④ ある　　　⑤ せつめい　　　⑥ うんてん
　　く

⑦ しず　　　⑧ ふ べん　　　⑨ じ かん
　　かだ　　　　　だ

문장연습

01 다음 문장을 한국어로 해석해 보세요.

① 今のうちは友だちが遊びに来すぎて、勉強する時間がないから、引っ越そうと思っています。

② 田中さんが持っているパソコンは軽いし、速いから使いやすいと思います。

③ 雨の日は歩きにくくて、いやです。

02 다음 문장을 일본어로 만들어 보세요.

① 이 동네는 조금 너무 번화해서, 밤 늦게까지 시끄럽기 때문에 살기 불편합니다.

② 게임을 지나치게 많이 해서 엄마에게 혼났습니다.

③ 선생님의 이야기는 설명이 간단해서, 이해하기(알기) 쉽습니다.

듣기연습 Track 12

01 다음 단어를 듣고 받아 써 보세요.

① ② ③
④ ⑤ ⑥

02 다음을 문장을 듣고 받아 써 보세요.

①
②
③

워크북

**글자 연습, 문장 연습, 듣기 연습을 통해
매일매일 일본어를 정복하자!!**

이름